50 MANEIRAS DE DECIFRAR SEU HOMEM

Todd Lyon

50 MANEIRAS DE DECIFRAR SEU HOMEM

Estratégias secretas que revelam como ele é de verdade

Tradução
André Setti

Editora Gente

Editora Rosely M. Boschini	Título original: 50 ways to read your lover. Secret strategies that reveal the real him
Assistente Editorial Rosângela Barbosa	Copyright © da tradução 2007 by Editora Gente Copyright © 2003 by Todd Lyon and Lark Production, LLC.
Capa e Produção Marcelo S. Almeida	Todos os direitos reservados. Publicado mediante acordo com Fireside, uma divisão da Simon & Schuster, Inc.
Projeto Gráfico e Diagramação Editora Gente	
Copidesque Editora Gente	Todos os direitos desta edição são reservados à Editora Gente.
Revisão Valquíria Della Pozza	Rua Pedro Soares de Almeida, 114 São Paulo, SP, CEP 05029-030 Tel: (11) 3670-2500 Site: http://www.editoragente.com.br E-mail: gente@editoragente.com.br

Dados Internacionais de Catalogação na Publicação (CIP)
(Câmara Brasileira do Livro, SP, Brasil)

Lyon, Toddy
50 maneiras de decifrar seu homem : estratégias secretas que revelam como ele é de verdade / Toddy Lyon ; tradução André Setti. – São Paulo : Editora Gente, 2007.

Título original: 50 ways to read your lover.
Bibliografia.
ISBN 978-85-7312-539-9

1. Escolha do companheiro 2. Homens - Psicologia 3. Home - Mulher - Relacionamento I. Título

07-1254   CDD-646.77

Índice para catálogo sistemático:

1. Conquista do par amoroso : Relações interpessoais : Vida pessoal 646.77

AGRADECIMENTOS

A idéia deste livro nasceu da cabeça inventiva e levemente apaixonada por garotos de minha amiga e colega Karen Watts, com uma ajuda significativa de seus companheiros da Lark Productions.

Eu fui chamada às pressas para tornar realidade o sonho metafísico de Karen, mas meu trabalho não poderia ter sido feito no tempo certo sem a ajuda de Hayward Gatlin, que passou cerca de 28 dias e noites pesquisando assuntos que iam de linguagem corporal a folhas de chá — um grande esforço para alguém especializado em construção, motores de combustão e presunto. Também tive grande apoio de meus maravilhosos familiares e amigos, com destaque especial para Barbara Lyon e Sandra Shea, pela criteriosa contribuição.

A maioria das cinqüenta maneiras apresentadas neste livro baseia-se em práticas profundas associadas a sistemas de crenças espirituais, religiosos ou sagrados. Devido a restrições práticas, tive de resumir e/ou simplificar essas artes místicas num grau que, em alguns casos, pode parecer desrespeitoso. Mas não sou desrespeitosa. Exatamente o oposto. Espero, sinceramente, que o verdadeiro espírito dessas antigas doutrinas sobreviva e que as leitoras se inspirem em buscar estudos mais profundos dos sistemas com os quais se identificarem.

Expresso minha gratidão a essa legião de praticantes — sejam eles xamãs, médiuns, curandeiros, leitores, simpatizantes, canalizadores ou videntes — que mantiveram viva a velha magia ao longo de séculos de transformação. Agradeço também aos médicos e psicólogos visionários que se dedicaram a criar um equilíbrio entre ciência e espírito.

Curvo-me a eles e a eles imploro pela aprovação, perdão, compreensão e bom chi.

SUMÁRIO

Introdução

Capítulo 1: Uma Espiã na Casa do Amor

Leitura facial chinesa (siang mien) – 15

Leitura facial ocidental – 20

Reações da pupila – 21

Tipo A ou tipo B? – 22

Um encontro do corpo com a mente – 26

Conheça seus doshas – 29

Linguagem corporal – 31

Previsão sexual – 35

A linguagem secreta das posições do sono – 38

A decoração interna – 42

O que você procura pode estar na geladeira dele – 49

O guia da mão: como identificar as mãos fundamentais – 50

Análise de caligrafia – 53

Nova numerologia matemática – 56

O I ching, até certo ponto – 60

Cérebro esquerdo/cérebro direito – 65

Avalie a raiva dele no trânsito – 68

A verdade sobre cães, gatos e peixes – 71

Capítulo 2: Conjunto de Atividades de Inteligência Interativa

Quiromancia para o impaciente – 79

Quiromancia astrológica – 84

Leitura do polegar – 88

O cubo – 89

O teste do introvertido/extrovertido – 94

Viagens são para amantes – 97

Você não é ciumenta, é? – 104

O teste do Dalai Lama – 109

Q.I. emocional – 113

O teste do controle emocional – 115

O teste da ex-namorada importante – 117

Você é do tipo confiante? – 125

"Eu, nunca!" – 128

Capítulo 3: Ele Combina Comigo? Descubra Seu Fator de Compatibilidade

Seu casamenteiro astrológico – 131

Astrologia chinesa – 140

Encontre o otimista – 146

Ordem de nascimento e como lidar com ela – 150

Desqualificado sob qualquer hipótese – 155

Os tipos fundamentais – 157

Ele sabe usar bem o dinheiro? – 162

O que o faz rir? – 165

O horóscopo das árvores – 169

Capítulo 4: Encarando a Bola de Cristal

O tarô resumido – 179

As cartas do arcano menor – 181

As runas – 185

O que as folhas de chá revelam – 189

Leitura de vela romântica – 193

Projetando ciclos da vida – 194

M.A.B.C. – 195

Bibliomania – 198

Capítulo 5: Isso é Amor?

Ele é homem certo... ou é o certo só para o momento? – 200

O verdadeiro amor segundo os cientistas – 205

O verdadeiro amor segundo os Amantes – 209

INTRODUÇÃO

Cara maravilhosa, apaixonada, frágil, enérgica, romântica, curiosa, desejável e brilhante Deusa da Terra e do Céu, eu sei por que você está lendo este livro: é porque está consumida pelo amor.

Você provavelmente se lembrará de uma época em que seguia sua voz e fazia o que considerava que era o certo para você, sem questionamentos. Agora seus sinais interiores estão confusos. Você está dominada por sentimentos de êxtase, dúvida e desejo e descobriu que essas emoções são muito mais incitantes do que pequenos mecanismos intelectuais formais como a lógica e o pensamento racional.

Não se envergonhe. O amor é uma força poderosa. Tornados e furacões podem destruir sua casa e jogar seu carro contra uma árvore, mas o amor entra em sua circulação sangüínea. Ele confunde a sua química e pode levá-la ao namoro, sexo, casamento ou até mesmo a trair sua melhor amiga — tudo isso potencialmente mais prejudicial do que a destruição da casa ou do carro.

Quando o coração ofusca a mente, a garota tem de estender a mão, buscar antigos sistemas de sabedoria e reunir conselhos de magos e adivinhos experientes, que sabem o que é bom e o que não é.

Você veio ao lugar certo. O livro que está em suas mãos condensa um universo de percepções românticas num volume intenso, porém fácil de usar. Temos aqui uma coleção de ferramentas para ajudar você a aprender os segredos da alma de seu amado, comparar fatores de compatibilidade, entender significados ocultos na linguagem corporal, no aperto de mão, no olhar e na maneira de dirigir desse homem, além de jogos e brincadeiras que vocês dois poderão fazer juntos. Ele irá achá-los divertido. Você os utilizará para seu objetivo: como varinhas de condão emocionais.

A selva do amor não deve ser desbravada sem um guia de viagem. Este é repleto de mapas, e espero sinceramente que uma, doze, 27 ou todas as cinqüenta maneiras levem você ao destino mais verdadeiro de seu coração.

Com amor, sempre,

Todd Lyon

Capítulo Um
UMA ESPIÃ NA CASA DO AMOR

Nas primeiras dores do amor, toda mulher é uma investigadora particular. Incluindo você.

Não negue, já passei por isso, eu sei.

Independentemente de você estar selecionando candidatos em potencial ou testando o valor de seu novo (ou possivelmente novo) namorado, suas antenas estão totalmente ligadas, esforçando-se para captar pistas que possam influenciar seu futuro romântico. Mas você não quer ser pega nem parecer ansiosa, certo? Principalmente, você não quer parecer carente, intrometida, agressiva ou – que Deus a livre – desesperada.

Relaxe. O primeiro capítulo será sua salvação. Seus exercícios irão proporcionar uma infinidade de percepções valiosas sobre o rapaz sem que ele suspeite de nada. A maioria delas se baseia em suas observações diretas (leitura facial e das reações da pupila, linguagem corporal), enquanto outras consistem da análise de informações básicas (análise da escrita, numerologia, posições de dormir).

Você não precisa dizer nada a ninguém. Aprenda o que puder, dê um sorriso discreto e lembre-se de que informação é poder.

Leitura facial chinesa (siang mien)

Um certo rosto pode lhe parecer maravilhoso. Mas o que isso significa para os praticantes de siang mien, a antiga arte chinesa de leitura facial?

Os sete tipos básicos descritos a seguir são utilizados há séculos para revelar o tipo de personalidade por trás do semblante de um homem (ou de uma mulher). A primeira coisa que você precisa fazer é examinar as medições visuais relativas à face em questão. (Seria útil, para este exercício, ter em mãos uma fotografia, como fotos de RG ou passaporte.) Observe com atenção:

ALTURA: A altura da região da testa, da linha capilar até as sobrancelhas (em caso de calvície, considere os antigos limites da linha capilar), a distância entre a sobrancelha e a ponta do nariz (incluindo a região do olho e da bochecha) e a distância da ponta do nariz até a parte de baixo do queixo (o comprimento da área do queixo).

LARGURA: A largura da testa (a distância entre as têmporas), a largura das bochechas (a distância entre as saliências dos ossos da bochecha) e a largura do osso do queixo, a meio caminho entre seus pontos mais largos e mais estreitos.

As sete faces e o que elas representam

1. QUADRADA: a face é tanto alta quanto larga; a testa, as bochechas e a área do queixo são mais ou menos da mesma largura.

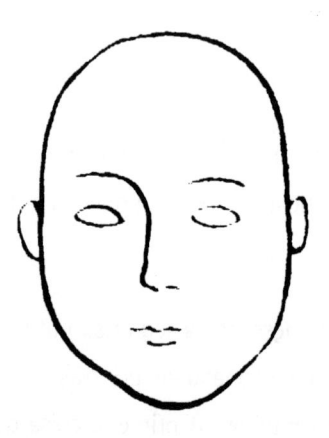

Personalidade: "ferro". Duro e resistente, com fortes qualidades de liderança; decisivo, dedicado e estável.

2. QUADRADA ESTREITA: a altura e a largura da face são mais ou menos iguais, mas cada uma das três larguras acaba se estreitando na direção da base.

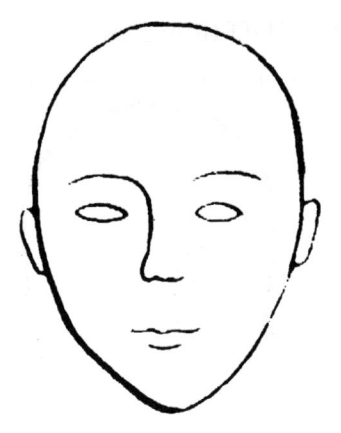

Personalidade: "balde". Brilhante, generoso e criativo, com força interior; o ânimo pode oscilar entre extasiado, melancólico e calmo.

3. PIRÂMIDE: a testa e as bochechas são mais estreitas do que o queixo.

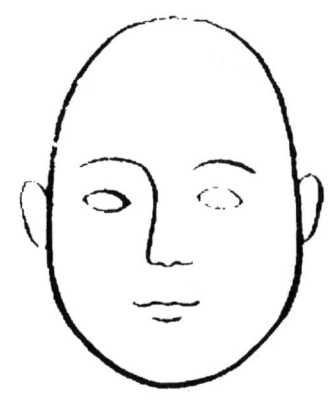

Personalidade: "terra". Prático, enérgico, trabalhador, persistente, lento e determinado.

4. PIRÂMIDE INVERTIDA: a testa é larga, os ossos malares são proeminentes e o queixo é pontudo e triangular.

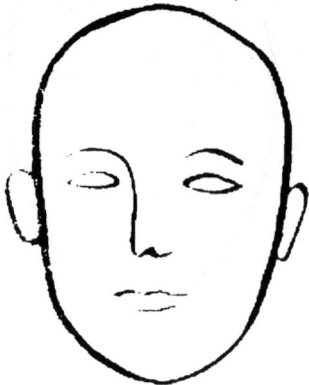

Personalidade: "fogo". Rápido, brilhante, sensível, sexy, apaixonado, divertido, vigoroso e animado.

5. LARGA: a largura da face predomina sobre o comprimento, e as três larguras (testa, bochecha e queixo) são mais ou menos do mesmo tamanho.

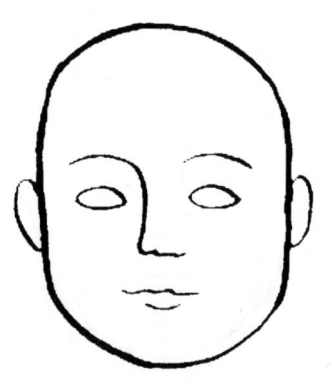

Personalidade: "muro". Resguardado, sólido, protetor, forte, vive o momento, pode ser incomunicável ou reacionário.

6. DIAMANTE: A largura das bochechas é maior do que a da testa e do queixo.

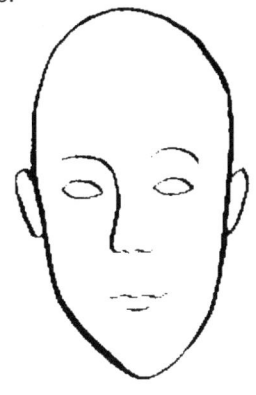

Personalidade: "jade". Místico, elegante, talentoso, esperto, resistente, ativo, carinhoso; pode ser possessivo.

7. COMPRIDA: A face é mais comprida do que larga, e as três larguras (testa, bochecha e queixo) são mais ou menos do mesmo tamanho.

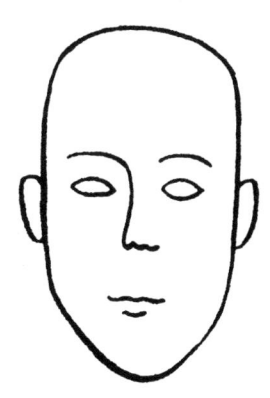

Personalidade: "árvore". Corajoso, independente, maduro, bem criado, assertivo; propenso à agressividade ou a atitudes rudes.

Leitura facial ocidental

Comparada à disciplina do siang mien, um antigo método chinês de leitura facial, nossa versão de leitura facial mal pode ser chamada de sistema, mas uma maneira simples de associar o formato do rosto de seu amor à personalidade dele. Em todo caso, eis aqui uma breve visão geral. Ela lida exclusivamente com os cinco contornos básicos da face:

Formas da face

- Quadrada: pertence a uma pessoa estável, firme e energética, porém possivelmente inflexível e obstinada.

- Angulada: indica uma personalidade ambiciosa, esperta, que também pode ser — mas não necessariamente é — egoísta e gananciosa.

- Pontuda: é a face de uma pessoa sofisticada, inspirada, que está sempre em movimento, mas que tende a ser desonesta ou hipócrita.

- Redonda: na melhor das hipóteses, a pessoa com esse tipo de face é gentil, jovial e franca. Na pior, é indecisa e lenta.

- Suave: é o sinal de um indivíduo doce, sensual e meigo que, sem dúvida, resiste à sua tendência a lentidão, apatia e preguiça.

Reações da pupila

Muitos acreditam que o caminho mais rápido para chegar até o coração de um homem é por seu estômago. Puro engano. É através de seus olhos. E, de quebra, esse também é o caminho mais rápido para ele chegar ao seu coração.

Quando um homem se sente atraído por uma mulher, suas pupilas automaticamente se dilatam — ou seja, os círculos pretos no meio de seus olhos aumentam. A mesma coisa acontece quando as mulheres se sentem atraídas pelos homens. O interessante nesse fenômeno é que nós, seres humanos, somos geneticamente predispostos a acreditar que pessoas com pupilas grandes são mais desejáveis do que as de pupilas pequenas. Portanto, ao olhar profundamente nos olhos do homem que queremos, desejamos ou amamos, podemos não apenas fazer uma leitura das reações de sua pupila, mas também lançar um olhar fixo, sexy, irresistível e dilatado.

Portanto, encare-o. Encare-o com intensidade. Descubra o que você precisa saber e mande uma mensagem que não pode errar o alvo.

Exceção 1: se vocês estiverem num ambiente muito iluminado — na praia, por exemplo —, os dois estarão, invariavelmente, com a pupila pequena.

Exceção 2: se vocês estiverem num ambiente com pouca luz — uma casa noturna, por exemplo —, é natural que os dois estejam com a pupila dilatada.

Tipo A ou tipo B?

É excelente ser ambicioso, inspirado e determinado ao sucesso. Estas são características admiráveis em qualquer homem, independentemente de cargo ou posição social.

Também é maravilhoso ser uma pessoa tranqüila e capaz de lidar com as adversidades sem deixar de aproveitar os prazeres da vida.

O melhor é o homem que seja uma combinação forte e equilibrada desses dois tipos.

A visão geral abaixo ajudará você a descobrir se seu interesse amoroso é por um nervoso empreendedor (tipo A), um tímido cachorrinho (tipo B) ou por um homem que tenha um pouco de cada um.

Como identificar a personalidade tipo A

· Como os tipos A estão sempre com pressa, eles têm algum receio em mostrar sua impaciência com relação a toda forma de lentidão, atraso ou deficiência.

· Os tipos A focam nos resultados a qualquer custo; eles não apenas falam e pensam rápido, mas podem ser ásperos e rudes.

· A competição é a marca registrada de todo homem tipo A. Ele se esforça para ultrapassar até mesmo os inexperientes ou menos habilidosos, precisando exibir sua competência em qualquer assunto que esteja sendo discutido.

· O tipo A também tem sucesso em tarefas múltiplas. Você pode encontrá-lo falando ao telefone ao mesmo tempo em que dirige, usando a internet em casamentos e funerais e escutando relatórios de ações enquanto toma banho.

· O seu namorado tipo A está sempre em movimento; se estiver sentado, pode balançar os joelhos, ficar batendo a caneta, folheando relatórios, ou fazendo as três coisas ao mesmo tempo.

Talvez você já tenha visto o seu amado exibir vários desses comportamentos. Nesse caso, deve estar se perguntando: "Que mal há em viver a todo o vapor?". Veja os possíveis os problemas:

1. As pessoas do tipo A julgam o próprio valor em unidades mensuráveis de sucesso. Tudo se resume a números. As prioridades desses homens são sua renda líquida, os lucros que conseguem num negócio, o custo de seu carro, a linhagem de suas posses, quanto seus clientes gastam para jantar e quanto eles se aproximam dos ricos e famosos.

2. A busca de objetivos materiais pode levá-los à cegueira, surdez e dormência com relação à beleza do mundo à sua volta. Em vez de parar e aproveitar os pequenos prazeres da vida, eles param para ler as etiquetas de preço.

3. Eles são tão comprometidos com seus objetivos que amor e romance acabam ficando em segundo plano. Quando pessoas do tipo A conseguem se prender, o relacionamento é dispensável. Mas seu sonho de grandeza não.

4. O comportamento do tipo A é sustentado por constante ansiedade e tensão. Mesmo quando a pessoa relaxa (ou pára), ela se sente culpada ou nervosa pelas coisas que está deixando de fazer.

5. Indivíduos do tipo A são propensos a ataques cardíacos e outros efeitos colaterais desagradáveis. Estudos revelam que pessoas do tipo A têm quatro vezes mais risco de desenvolver doenças do coração que as do tipo B.

Como identificar a personalidade tipo B

· As pessoas do tipo B estão mais para tartaruga do que para lebre. Embora elas possam ter um plano geral de carreira, vão passo a passo e se dedicam à tarefa do momento.

· Elas não apressam trabalhos. Também não perdem tempo com adiamentos.

· Quando apresentadas a um desafio, as pessoas do tipo B não acreditam que a solução depende exclusivamente delas. Elas dividem as responsabilidades e o estresse, delegando tarefas também para o grupo.

· Pessoas do tipo B consideram a prosperidade financeira apenas uma parte de seu sucesso global. Seu gráfico interno de preocupações pode ser dividido igualmente entre uma vida familiar feliz, desenvolvimento espiritual contínuo, férias divertidas, hobbies que tragam satisfação, relacionamentos amorosos profundos, um corpo saudável, uma boa vida sexual e um salário bom.

· Os homens do tipo B têm menos problemas de saúde que os do tipo A. Como a tartaruga, vivem uma vida mais longa e atingem objetivos com menos sofrimento, ansiedade, histeria, vergonha, culpa, punição, problemas de ego ou autoprivação.

Obviamente, existem aspectos negativos em ser um homem do tipo B. E eles não soarão como surpresa, não é verdade? Veja só:

1. Alguns homens do tipo B encaram seus erros de maneira indisciplinada. Esses rapazes podem ser classificados como preguiçosos, fracassados, vadios, vagabundos ou outros adjetivos depreciativos. Se você não suporta a idéia de um homem sentado no sofá, assistindo TV o dia inteiro, afaste-se daqueles com características apenas do tipo B e que não têm nada do tipo A.

2. Os rapazes do tipo B são pessoas sensuais e procuram sempre um constante bem-estar. Às vezes, sua busca por sensações agradáveis vai longe demais e, em casos extremos, pode levar ao abuso de substâncias viciantes.

3. Muitos do tipo B são comunicativos, ótimos companheiros e amigos. No entanto, não são necessariamente bons quando a questão é o sustento financeiro. Se a prosperidade material é essencial para seu conforto e sua segurança, fique com homens do tipo A.

4. Os homens do tipo B clássico não têm personalidade propensa a assumir o controle. Se você é independente e vigorosa, a passividade dele pode ser uma vantagem para a relação. Mas, se

você quer um homem que assuma o controle de vez em quando, o homem do tipo B pode causar muita frustração e você ainda correrá o risco de ter ao seu lado um eterno resmungão inútil.

A + B é igual a...

O melhor dos dois mundos.

Ao escolher um parceiro, procure um rapaz estável e com os pés no chão (um tipo B básico), mas que consiga ter comportamentos intensos e esforçados, característicos do tipo A quando a situação exigir.

Um encontro do corpo com a mente

Cada indivíduo possui um corpo único. Cada um tem um tipo sanguíneo, estrutura óssea, impressão digital, entonação vocal, arcada dentária e DNA. Na realidade, toda essa retórica não existiria se cada um de nós não fosse um ser único.

À distância, muitos humanos se parecem fisicamente, o que provavelmente incitou o psicólogo William H. Sheldon, no início da década de 1940, a identificar e nomear três tipos básicos de corpo: endomórfico, mesomórfico e ectomórfico. Prosseguindo em sua análise, o doutor Sheldon sugeriu que certos traços da personalidade são associados a cada arquétipo físico.

Comprovados, seus estudos mostraram que poucas pessoas — se é que havia alguma — combinavam com os arquétipos em todos os detalhes. Mas suas observações sobreviveram ao teste do tempo e sua terminologia ainda é utilizada em diversas discussões inteligentes. Para você, os tipos de corpo podem oferecer um ponto inicial interessante quando desejar esboçar um perfil psicológico amplo de alguém que esteja observando.

Endomorfo

Com forma redonda e leve, o endomorfo clássico está acima do peso e carrega muito desse excesso de gordura na área do abdômen. As pernas costumam ser mais curtas do que o tronco, os músculos são flácidos e a pele é macia.

Em termos de personalidade, os endomorfos tendem a ser amáveis, calorosos e generosos. São tolerantes, sociáveis, demoram a se exaltar e mostram temperamento equilibrado. Como pessoas realistas, suas ações são ponderadas e práticas; ainda assim, realizadas de forma relaxada e sem pressão.

Os endomorfos necessitam de confirmação do mundo de maneira tangível e, freqüentemente, se conectam a ele por meio de sensações imediatas, tais como comida e afetos físicos. Esse tipo de pessoa busca conforto e pode facilmente entrar na rotina.

Mesomorfo

Geralmente de altura mediana, com ombros bem desenvolvidos, o mesomorfo típico tem corpo angular ou retangular, com pele grossa, massa muscular densa e postura ereta.

Os mesomorfos são orientados por ações, dinâmicos, aventureiros e auto-afirmativos. São líderes natos e apreciam desafios, especialmente os que exigem esforço físico. Não propensos à introspecção, os mesomorfos geralmente seguem seu caminho e confiam em sua coragem e energia para conseguir o que querem.

Muitos mesomorfos batalham por poder e dominação. São competitivos por natureza e, em casos extremos, podem apresentar comportamentos agressivos e indiferença com relação às necessidades alheias.

Ectomorfo

O arquétipo do ectomorfo é alto e magro, com pernas longas e tronco estreito. Os ombros podem ser inclinados para frente e o peito pode ser liso, mas a cabeça costuma ser bem grande. Os ectomorfos tendem a ter uma constituição física delicada ou até mesmo frágil, com uma quantidade mínima de músculos visíveis.

O ectomorfo é o mais mentalmente intenso e fisicamente sensível entre os três tipos. Cerebral, atento e artístico, o ectomorfo é introvertido e prefere a privacidade e a solidão ao convívio social. É freqüentemente inibido em relação ao próprio corpo e às suas emoções, o que o faz querer esconder os dois.

Relaxamento e sono profundo podem iludir o ectomorfo devido à energia nervosa que percorre seu organismo. É especialmente difícil para esse tipo de pessoa encontrar um equilíbrio confortável entre o corpo e a mente.

Conheça seus doshas

Vata. Pitta. Kapha. Por acaso estas palavras fazem você se lembrar de algum país oriental? Em caso positivo, então provavelmente já ouviu falar da medicina ayurvédica, uma ciência de vida holística sagrada que tem sido praticada na Índia há mais de 5.000 anos.

O sistema aiurveda se baseia em três tipos essenciais de corpo/mente/espírito, conhecidos como doshas. Cada dosha tem características específicas, e a maioria das pessoas consegue se identificar como sendo de um tipo similar a pelo menos um dos três. A saúde e o bem-estar ideal são alcançados quando os doshas estão harmoniosamente equilibrados. A função do médico ayurvédico é criar esse equilíbrio, que é conseguido com mudanças alimentares ou outros ajustes no modo de vida.

Vata, pitta e kapha são os três doshas de seu ayurveda. Estudando as descrições a seguir, você poderá apontar o dosha de seu homem e aprender um pouco sobre o que o entusiasma. Ao mesmo tempo, você poderá observar o seu amado por um filtro de 5.000 anos de sabedoria e cura.

Vata

Sob o aspecto físico, o tipo vata é esbelto e leve, com quadris e ombros estreitos. Vivaz, cheio de energia e autoconfiante, ele tem movimentos ligeiros e passos rápidos. É fácil para ele aprender coisas novas, mas tende a esquecê-las com a mesma rapidez.

Pode ser imaginativo, excitável e imprevisível; é melhor em iniciar novas atividades do que em concluí-las.

Quando seu dosha está desequilibrado, o corpo explode com nervosa energia, e o indivíduo do tipo vata pode ficar ansioso, esquecido, distraído e mais facilmente exausto. Embora ele tenha sono leve, porém profundo, um desequilíbrio pode ocasionar insônia e elevada sensibilidade a barulho.

Pitta

O tipo pitta é um pessoa de boas proporções e constituição física mediana (ou quase). Costuma ter uma pele suave, porém corada, padrões de fala precisos, fome repentina, andar característico e aversão à luz solar direta. Em termos de personalidade, ele é caloroso, amigável e carismático; possui uma mente curiosa, adora desafios e tem uma natureza empreendedora.

Quando o dosha pitta está desequilibrado, o indivíduo pode ficar irritável, exageradamente crítico, combativo e ciumento. Sob pressão, ele fica estressado, sem paciência e pode ficar extremamente alerta com relação ao tempo e determinado a completar tarefas.

Kapha

O homem do tipo kapha tem um corpo vigoroso e de contornos leves, com ombros largos e cabelos grossos. Constante e metódico, fala e aprende devagar, mas tem uma grande capacidade de retenção e perseverança. Por natureza, é relaxado, calmo, tolerante, constante e afetuoso. Também tem a tendência de manter e controlar tudo, incluindo posses, dinheiro e peso.

Quando o dosha kapha está desequilibrado, o resultado pode ser letargia, depressão, tédio, ganho de peso, intratabilidade, procrastinação, ganância e excesso de sono.

Linguagem corporal

Uma maneira deliciosamente secreta de conhecer seu amado é observar e analisar sua linguagem corporal. Esse método é mais preciso quando utilizado em ambientes profissionais, embora também possa funcionar em situações sociais. Fique ciente de que cada posição se relaciona com as circunstâncias de momento e não deve ser usada para julgar sua personalidade global — apenas sua reação ao que está ocorrendo no momento.

Sentado

· Ele senta reclinando a cadeira para trás? Essa postura proposital é uma tentativa de parecer especial e, de alguma forma, superior. No entanto, com toda sua insolência, é uma posição que protege quem está sentado e revela certa vulnerabilidade.

· Ele coloca uma perna no braço da cadeira? Ele quer dizer ao mundo que está calmo e relaxado, "tirando tudo de letra". Pergunta: ele está realmente relaxado ou apenas escondendo uma insegurança interna?

· Ele senta com as pernas cruzadas e coloca as mãos atrás da cabeça? Essa é a postura clássica de alguém entediado ou extremamente confiante. Mas há uma mensagem dúbia sendo dita: por um lado, ele está expondo a área do peito, atitude dos cachorros alfas e de outras espécies líderes do reino animal; por outro, está se protegendo da cintura para baixo. Nesse caso, você é quem deve ser a juíza e verificar qual é, de fato, a mensagem.

· Ele inclina-se levemente para a frente, com braços e pernas relaxados? Isso demonstra um homem seguro e confiante. E ele aceitará e tratará você como igual, contanto que seja retribuído da mesma maneira.

Em pé

· Ele coloca as mãos no quadril? Isso indica uma postura dominante. Pode demonstrar extrema confiança, uma atitude defensiva de menor intensidade ou raiva encoberta.

· Ele dobra o braço na frente do peito? Essa postura autoprotetora irradia desconfiança. Ele não vai se abrir até o momento em que estiver absolutamente convencido de que você merece sua confiança e atenção.

· Ele coloca os braços atrás das costas? Embora essa postura não demonstre nem um pingo de agressividade, ela indica um homem que geralmente tem o controle completo da situação em questão.

· Ele deixa os braços relaxados nos lados? Calma e confiante, essa posição indica uma pessoa segura, disposta a um diálogo aberto e honesto.

Sentando à mesa

· Ele inclina a cabeça para um lado? Isso geralmente significa que ele está distraído e não está prestando atenção aos acontecimentos ao redor.

· Ele coloca os dois cotovelos para a frente, com as mãos e os dedos se encontrando, formando uma espécie de torre? Está alerta e razoavelmente interessado no que você está falando, embora um pouquinho cauteloso.

· Ele inclina-se levemente para a frente, com as mãos na superfície da mesa? Está inteiramente ligado, querendo ouvir o que você tem a dizer e pronto para responder.

Nos apertos de mão

Ele estende apenas os dedos? Esse aperto evidencia incerteza. Em situações profissionais, pode significar que ele está inseguro com relação a você ou talvez até mesmo intimidado. No entanto, também pode transmitir a mensagem de que ele preferiria estar apertando ou acariciando seu pescoço a apertar sua mão.

Ele cumprimenta com a mão dele por baixo? Por incrível que pareça, esse é um aperto de mão dominador, que o coloca no controle da situação — na cabeça dele, pelo menos.

Ele aperta suas mãos com ambas as mãos? Esse aperto de mão entusiasmado é feito para agradar. Ele transmite a mensagem de que você é especial.

Ele cumprimenta você com uma força parelha entre a sua mão e a mão dele? O mais honesto dos apertos de mão; representa igualdade e confiança mútua.

Linguagem corporal dos detalhes

· Caso ele esteja esfregando uma mão na outra... Significa que está agitado e vivendo o momento.

· Se ele estiver batendo com os dedos na mesa ou em outra superfície... Mostra que está entediado ou distraído.

· Mas se estiver tocando a própria face... É porque, naquele momento, conscientemente ou não, ele sente-se no controle da situação.

· Se estiver cobrindo, parcial ou inteiramente, os olhos... Revela que ele está impaciente e quer partir logo para outro assunto.

Previsão sexual

Nós tentamos ser refinadas, mas, nos espasmos de uma grande paixão, até mesmo as mais recatadas se perguntam: será que ele é bom de cama? Há maneiras de saber sem precisar ligar para as ex-namoradas dele perguntando esse tipo de coisa.

Os peritos em linguagem corporal acreditam que as pessoas revelam pistas físicas que refletem seu estilo sexual. Quando você analisar seu homem, tente vê-lo com novos olhos, usando as seguintes teorias como guia.

Postura

· Uma postura largada ou desanimada pode indicar falta de confiança física; esse rapaz é provavelmente um pouco tímido e não deverá ter uma postura dominante na cama.

· Se um homem tem uma postura relaxada e utiliza uma área muito grande para se movimentar quando está na vertical, há uma grande probabilidade de que faça o mesmo quando estiver na horizontal.

· Uma postura altamente controlada é indicativo de uma natureza controladora. É provável que esse homem queira tomar as iniciativas.

Fala

Os padrões de fala são uma indicação de ritmo. Se vocês dois falam rápido, ótimo. Mas, se você é lenta e ponderada em seu discurso e ele fala como um papagaio, isso não é um bom sinal. Caso vocês dois consigam entrar num ritmo confortável de conversa, as perspectivas de um ritmo físico mútuo também são boas.

Toque

· Um homem que toca você com facilidade e freqüência durante uma conversa é provavelmente um rapaz afetuoso, sensual e que, bem... adora tocar. Exatamente o que você deseja.

· Se ele fica tenso e sem jeito quando tocado, ou ele é extremamente medroso ou fisicamente inibido. "Esquentá-lo" será um grande desafio, e o esforço pode não valer a pena a longo prazo.

· O homem que fica se tocando o tempo todo — passa a mão no cabelo, coça o queixo, fica ajustando as roupas, cruza e descruza as pernas — é pouco à vontade consigo mesmo ou simplesmente vaidoso. Homens pouco à vontade precisam de um pouco de sedução. Já os vaidosos são geralmente egoístas e emocionalmente distantes por baixo das máscaras.

Postura social

· O homem que corre para abrir portas e puxar a cadeira é uma espécie rara. Mas, se ele escolhe a sua refeição no restaurante sem lhe perguntar, faz planos detalhados sem consultá-la ou diz como você deve se vestir ou agir, ele é do tipo controlador. Ele pode se auto-eleger o Governante do Relacionamento e designar a você o papel de Acompanhante de Luxo. A menos que você seja uma adoradora passiva de homens dominadores, essa união não indica a possibilidade de harmonia sexual.

· Alguns homens sempre ligam, se forem chegar atrasados ao encontro, deixam você no restaurante antes de procurar lugar para estacionar e dizem gentilmente que você está com brócolis entre os dentes. Essa combinação de honestidade e gentileza é conhecida como consideração, e o homem que a possui é possivelmente uma grande companhia, independentemente de vocês dois estarem conversando, fazendo amor ou tomando café-da-manhã.

A linguagem secreta das posições do sono

Talvez seja um pouco cedo para você investigar como o seu príncipe encantado dorme. Talvez não. Em todo caso, há uma ampla e vasta série de teorias que buscam desvendar o significado das posições do sono. Essas idéias estão basicamente divididas em duas categorias: o significado oculto do modo cômodo de dormir de um homem quando está sozinho na cama e o significado oculto no modo como um casal dorme junto.

O homem repousando
e suas quatro posições principais de sono

1. Ele dorme de lado, numa posição inteiramente fetal. Provavelmente ele é sensível, emotivo e expressivo. Como um verdadeiro romântico, considera os relacionamentos profundamente importantes — o que pode, em circunstâncias extremas, torná-lo exageradamente possessivo. Tem uma natureza artística e, em sua

vida profissional, valoriza a satisfação pessoal em detrimento das recompensas materiais ou financeiras.

Dorme enrolado e sobre um braço: significa que é gentil, educado, amoroso e que lhe seria útil um impulso de autoconfiança.

2. Ele dorme de lado, com os joelhos dobrados. Provavelmente é flexível, equilibrado, compassivo e sincero. Sua estabilidade e paz interior favorecem-no a relacionamentos de longa duração; na realidade, seu casamento provavelmente será para a vida inteira. Também lida muito bem com dinheiro e é ótimo para resolver conflitos.

Dorme sobre o lado direito, com o braço direito esticado para a frente: pode muito bem indicar que ele é um homem repleto de vigor e de boa sorte.

De lado, com um joelho dobrado: geralmente significa que ele é propenso ao nervosismo e, possivelmente, a crises de choro.

3. Ele dorme de costas, com as mãos para o lado. O seu amor pode ser considerado extrovertido, charmoso, sociável e autoconfiante. Adora o poder e as vantagens adicionais que ele traz, tende a ser generoso e amante dos prazeres da vida. Desde que mantenha seu ego sob controle, é um rei que pode proporcionar uma vida excelente para sua rainha.

Dorme de costas, com braços e pernas espalhados: significa que ele adora conforto, beleza, liberdade, deleites pessoais e fofoca. Felizmente, conquista cada luxo que recebe.

Dorme de costas, com as pernas cruzadas: pode significar que ele é autocentrado e resistente à mudança. Quem dorme nessa posição precisa de muito tempo "sozinho".

4. Ele dorme sobre o estômago, com os braços estendidos. Há grandes possibilidades de ser um perfeccionista, com uma mente científica, que gosta de manter tudo organizado e correndo bem. Para esse homem, o relacionamento ideal é aquele em que questões de trabalho não entram em evidência, ele faz o trabalho dele, você faz o seu e tudo vai bem, contanto que você confie nele para os planejamentos a longo prazo, em todos os sentidos.

Dorme sobre o estômago, com os braços ao lado: sugere uma natureza reservada e secreta, mas isso também pode ser interpretado como timidez.

O casal descansando
e suas cinco posições principais de sono

1. A colher. Vocês dois dormem de lado; ele se enrosca para o seu lado ou você se enrosca para o lado dele. Especialistas afirmam que essa é a posição mais comum de dormir nos primeiros três a cinco anos da relação. Ela cria um ambiente seguro, protetor e carinhoso para dormir e reflete um estado de intimidade que é, ao mesmo tempo, físico, emocional e espiritual.

2. O abraço. Vocês dormem face a face, envolvendo-se nos membros um do outro. O abraço é romântico, porém é mais uma posição de celebração, que geralmente não dura e, provavel-

mente, nem deveria durar a noite inteira. Porque se trata de uma expressão de alegria compartilhada entre os dois em um momento de imensa satisfação e bem-estar. Aproveite quando puder.

3. O berço. Ele se deita de costas, você aconchega-se para o seu lado, na curvatura do ombro dele. Isto é sinal de grande compromisso e um sentimento de uma união confiável. Você também pode experimentar o "berço invertido", em que ele ainda está de costas e você fica com a cabeça abaixada ao lado dele, com o seu braço pendurado no tronco dele. De qualquer forma, é um sinal de uma união sólida e amorosa.

4. O toque confortante. Não há nada de errado em querer priorizar seu espaço na cama. Nessa posição, você e seu amado permanecem cada um em seu lado da cama, no entanto vocês mantêm contato físico, utilizando pé, perna, braço, mão ou costas. Essa posição revela que ambos são seguros e independentes, porém capazes de manter uma contínua corrente emocional.

5. O abismo. Você e seu parceiro evitam ficar próximos enquanto dormem? Esse comportamento até pode ser uma reação natural causada pelo superaquecimento do quarto, por ronco excessivo ou, ocasionalmente, por uma discussão não resolvida. Contudo, também pode sinalizar a existência de problemas no paraíso. Quando dormimos, às vezes expressamos sentimentos que reprimimos quando acordados. Dormir em lados opostos da cama, noite após noite, pode indicar a necessidade de mudanças no relacionamento.

A decoração interna

Comenta-se que a casa de um homem é seu castelo, mesmo que ela seja um barraco. Para a mulher astuta, a casa de um homem pode ser o mapa do tesouro para sua alma.

Você já deu uma boa olhada na casa dele? Já observou móveis, assoalhos, janelas, luzes, decoração das paredes, cores, bugigangas (também conhecidas como acessórios decorativos)? Em caso positivo, você já está pronta para conhecer um pouco mais de seu amado.

Temos aqui quatro estilos de decoração. Descubra qual deles mais se aproxima do estilo do rapaz em que está interessada e leia tudo sobre ele.

Antes de começar, observe essas sugestões:

1. Analise residências permanentes. Ignore aluguéis de verão, dormitórios, imóveis sublocados etc.

2. Se ele mora com um, dois ou três colegas de quarto, centre seu estudo num espaço privado, como a cama dele.

3. Não julgue um ambiente decorado pela ex-namorada, pela mãe ou por um designer profissional.

O homem moderno

A casa dele pode ter:

- um visual minimalista, modernista;
- equipamentos à mostra (computador, TV, DVD, som, esteira etc.);
- pouca bagunça;
- falta de cores;
- CDs arrumados em ordem alfabética;
- persianas em vez de cortinas nas janelas;
- tapetes em toda a área ou assoalho industrial (sem capachos esparramados);
- móveis feitos de vidro, metal ou couro;
- extrema limpeza e organização;
- poucos ou nenhum suvenir à mostra.

Análise

O verdadeiro homem moderno tende a não ser caloroso e a ser exageradamente preciso em suas ações, mas isso não significa que ele não seja um bom partido. Este homem é cuidadoso com suas escolhas e segue um trajeto de objetivos bem definidos. O interesse dele é ter o melhor, o que se aplica tanto às posses quanto à vida pessoal. Embora, enquanto solteiro, ele não consiga livrar-se das aventuras casuais aqui e ali, costuma ser muito sério quando o assunto é a escolha da "pessoa certa". Quando encontrar sua amada, ele a cortejará com uma determinação intensa e se dedicará a criar uma parceria sólida, baseada em confiança, respeito mútuo e, obviamente, amor eterno.

O homem moderno pode levar você para...

um ótimo restaurante, superbadalado, seguido de um show de jazz, na área vip, é claro.

As possíveis opções de presente de amor do homem moderno são:

um relógio ou uma bolsa com design exclusivo ou um elegante telefone celular.

O rapaz da natureza

A casa dele pode ter:

- um visual aconchegante, que deixa você à vontade;
- uma mescla de móveis herdados da família, sucatas restauradas e objetos artesanais;
- cortinas transparentes, não ter cortinas ou ter persianas nas janelas;
- assoalhos de madeira com capachos;
- plantas naturais;
- materiais naturais, tais como madeira, ratã, vime e sisal;

· objetos atraentes à mostra, incluindo fotos de família, cerâmica, antiguidades, tecidos e relíquias sentimentais.

Análise

O rapaz da natureza é o tipo de cara gentil, afetuoso e relaxado, que aspira viver com simplicidade e honestidade. Ele não é materialista e encontra a felicidade em coisas não mensuráveis como família, amigos, ambientes naturais e amor eterno. Como parceiro, ele é apaixonado, comunicativo e comprometido, além de ter o dom de compartilhar, em todos os níveis. Embora ele talvez nunca se torne um milionário, é um homem de bom coração, que pode estabelecer e criar uma vida doméstica estável e pacífica com uma mulher que tenha os pés no chão.

Num encontro, o rapaz da natureza pode levar você para...

a casa dele, onde ele cozinhará e depois a conduzirá para o terraço, a fim de apreciar as estrelas.

O presente de amor do rapaz da natureza:

algo que ele fez com as próprias mãos, como um quadro, uma escultura feita com material reciclável ou, até mesmo, uma bela cesta de frutas.

O cavalheiro à moda antiga

A casa dele pode ter:

· uma estética antiga, um pouco formal;

- uma coleção de móveis que inclui peças tradicionais de herança, antiguidades refinadas e artigos em estilo europeu;

- equipamentos eletrônicos escondidos em armários e atrás de gabinetes fechados;

- tapetes orientais em assoalhos polidos;

- iluminação leve, gerada por lâmpadas;

- pinturas emolduradas na parede;

- livros expostos em caixas e prateleiras embutidas;

- arranjos simétricos de objetos de arte em mesas de canto, abóbadas sobre a lareira etc.

Análise

O cavalheiro à moda antiga é sofisticado e culto, mas, por baixo desse exterior refinado, há um romântico incorrigível que anseia viver o papel do príncipe encantado. Ele é tão sensível que, infelizmente, às vezes pode transparecer fragilidade. Sua casa, de fato, é seu refúgio e santuário onde se protege do barulhento e caótico mundo externo. A mulher convidada a entrar em seu santuário sagrado deve ser paciente e educada. Se tudo correr bem, ela talvez possa se tornar sua rainha e ser presenteada com uma vida de romance e devoção.

Num encontro, o cavalheiro à moda antiga pode levar você para...

uma festividade para angariar fundos, em um lugar elegante, que exija traje de gala e black-tie.

O presente de amor do cavalheiro à moda antiga:

primeiro, uma dúzia de rosas vermelhas; depois, finas bijuterias ou acessórios femininos.

O homem vivo

A casa dele pode ter:

· um visual alegre, em constante transformação;

· quartos que se tornam locais de trabalho, recantos agradáveis, estúdios ou salão de festas, conforme a necessidade;

· mobiliário criativo feito com objetos achados (mesa de café com pernas de bolas de boliche, cadeiras feitas com câmaras de ar de pneu, uma maca de hospital transformada em prateleira);

· acessórios decorativos não tradicionais (bola de espelho, máquina de refrigerante, chapas de raios X, um porão transformado em uma adega com ótimos vinhos);

· objetos interativos como tambores de conga, máquina de fliperama, jogo de dardo ou globos de neve;

- uma carência de objetos básicos e práticos (toalhas, lâmpadas, tecidos, garfos, sofás, escrivaninhas);

- uma dramática combinação de cores, muito colorida ou altamente decorada;

- ambientes desarrumados e desorganização geral.

Análise

A casa dele é um trabalho inacabado, assim como ele. O tipo homem vivo busca inspiração e agitação constante e se mantém em ininterrupto movimento, para não perder nada. Ele não tem interesse em sossegar, pelo menos nos níveis intelectuais e artísticos, mas precisa de amor. A mulher que entra nessa roda gigante precisa ser independente e com os pés no chão, disposta a sustentar a fortaleza enquanto ele transita entre a vitória, a derrota, a alegria e o desespero. Se ela tiver sorte, ele irá encontrar um nicho onde seu gênio inconstante possa prosperar. Em todo caso, ela nunca irá se entediar.

Num encontro, o homem vivo pode levar você para...

a inauguração de uma galeria, depois a um pequeno restaurante de comida típica num bairro afastado e, em seguida, a uma casa noturna onde um amigo dele irá tocar.

O presente de amor do homem vivo:

algo surpreendente e fora do padrão, como um saco de bolinhas de gude, uma tartaruga viva ou uma viagem para as ilhas Fiji, na Oceania.

O que você procura pode estar na geladeira dele

Quando você estiver bisbilhotando a casa dele, dê uma espiada na geladeira também. Embora os alimentos que ficam no refrigerador mudem diariamente, você terá uma idéia básica de que tipo de alimento o seu homem tem sempre à mão. Essa informação, minha querida, é outra forma de monitorar os segredos do coração dele.

· Se a geladeira dele estiver vazia, apenas com pacotes de comida congelada e para viagem, algumas cervejas e um vidro de ketchup, então provavelmente o homem em questão usa sua casa como um *pit stop*. Embora seja improvável que ele cozinhe um jantar de restaurante fino para você em breve, essa geladeira é sinal de um homem ambicioso, que pensa no futuro e que irá, sem dúvida, trabalhar para ter uma vida real e uma casa legítima com a mulher de seus sonhos.

· Se a geladeira dele estiver cheia de comida natural saudável e suplementos nutricionais, ele é um homem preocupado com o corpo e a saúde. Longevidade é um objetivo excelente para vocês; saiba, no entanto, que o relacionamento de vocês pode depender da compatibilidade de seus hábitos. Quando um vegetariano encontra um carnívoro, alguém tem de ceder.

· A geladeira dele está cheia de champanhe, caviar e outras iguarias chiques? Então, pode ser que ele esteja tentando impressionar você ou seja o tipo de homem que mantém iguarias sedutoras na geladeira para impressionar qualquer mulher que apareça. Se você não consegue identificar as intenções dele, siga seu coração. Você pode escolher acreditar que ele é um homem que lhe proporcionará o melhor da vida ou pode achar que champanhe e caviar são clichês românticos desgastados. Nesse caso, você pode inspirá-lo a ser mais original. Ou partir para outra.

• E se a porta da geladeira dele revela uma abundância de frutos, carnes, queijos e condimentos exóticos? Nesse caso, esse rapaz deve adorar cozinhar. Homem assim é raro e admirável; não só ele é auto-suficiente e generoso, como também possui uma elevada sexualidade, que pode proporcionar muitas coisas boas a você, em muitos sentidos.

O guia da mão: como identificar as mãos fundamentais

Você pode achar que se conhece – ou que conhece seu homem – como a palma de sua mão. Mas você verá que é possível desvendar a verdadeira personalidade de seu amor observando a mão dele.

Não é preciso fazer uma leitura detalhada de linhas ou saliências da mão para ter uma idéia da personalidade do indivíduo. Na identificação fundamental da palma, o contorno geral de toda a mão – palma, dedos, polegar – pode ser interpretado num golpe de vista.

A mão da terra

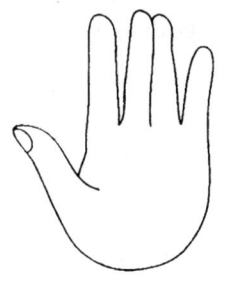

Trata-se de uma mão larga, com palma ampla, dedos curtos e linhas simples.

A mão da terra é associada a pessoas práticas, trabalhadoras, honestas, estáveis e que gostam de fazer coisas e ser produtivas, especialmente fisicamente. Há uma grande possibilidade de essas pessoas serem ordeiras e tenazes, mas podem ter pouca imaginação. Essa mão se relaciona aos signos de touro, virgem e capricórnio.

A mão da água

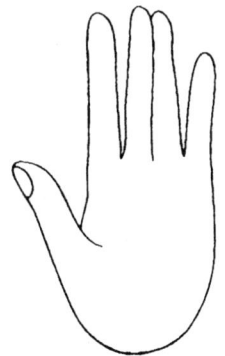

Uma mão que possui dedos compridos, uma palma estreita, com linhas sutis e um contorno geral delicado ou gracioso.

Essa palma indica um tipo de pessoa altamente sensível com relação a outras pessoas e seu ambiente, o que pode até indicar um homem paranormal. Mudanças de temperamento são constantes e provocadas por estímulos imediatos. A mão da água se relaciona aos signos de câncer, escorpião e peixes.

A mão do fogo

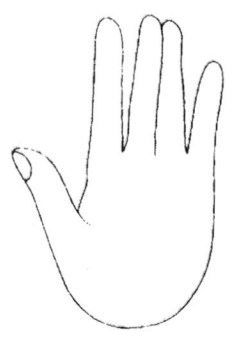

Uma palma estreita, com dedos curtos e linhas bem definidas.

Essa é a palma de um homem extrovertido e apaixonado, que é também caloroso, intuitivo, ativo e criativo. Como aspectos negativos, ele pode ser irritado ou emocionalmente imprevisível. Os signos astrológicos de áries, leão e sagitário se relacionam à mão do fogo.

A mão do ar

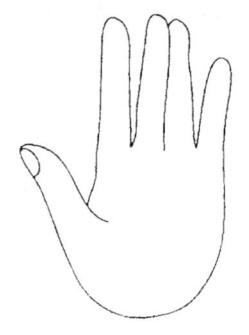

Uma mão fortemente estruturada, com palma ampla, dedos compridos e linhas salientes.

A mão do ar pertence a um vigoroso comunicador, que é intelectual e não-emocional, dado à razão e à lógica, mas também seguro e cheio de esperança. Gêmeos, libra e aquário são os signos astrológicos associados a esse tipo de mão.

Análise de caligrafia

Muitas vezes, investigadores contratam grafólogos profissionais para ajudar a resolver crimes aparentemente sem solução. As técnicas da grafologia também são utilizadas para definir a personalidade, serviço contratado por muitas empresas no processo de contratação de pessoal. Os grafólogos estudam amostras de manuscritos e analisam cada sinal e tremida na caligrafia antes de apresentar um perfil da personalidade e do caráter da pessoa em questão.

Quando amadores como nós tentamos analisar a letra de um amigo, amante ou pretendente, obtemos mais sucesso se nos centramos em alguns aspectos preponderantes da letra e aprendemos com quais traços eles estão associados.

Pense nas dicas a seguir como seu kit inicial para análise de caligrafia.

Segura e solta

Quando as letras minúsculas a, c ou d têm um gancho que poderia barrar a passagem de um peixe, você pode ter certeza de que a pessoa em questão se atrai por quem "se faz de difícil". O gancho é formado por um movimento curvado para cima, cujo caminho é cruzado por um movimento curvado para baixo. Os otimistas dizem que quem possui esse tipo de letra não desiste dos desafios; os pessimistas prevêem que esse homem logo se entediará após conquistar a moça.

No banco do motorista

O homem que cruza seus tes minúsculos com uma inclinação para baixo (indo para a direita) tem grandes chances de ser dominador ou mandão. Na melhor das hipóteses, isso pode significar que ele é um tipo de homem que gosta de assumir o controle; na pior das hipóteses, ele pode ser um controlador obsessivo ou até mesmo um tirano.

O exército de um soldado

Você sabe o que é uma descendente? Na caligrafia, ela descreve a metade inferior de letras como g, j q, y e, às vezes, f. Na escrita à mão, cada uma dessas descendentes deveria ter uma volta. Se essa volta é tão apertada que acaba parecendo uma linha só, pode significar que a pessoa em questão é uma solitária, que não confia nos outros. Isso também pode ser um sinal de independência ou pode indicar que essa pessoa teme relacionamentos íntimos.

Muito suscetível

Quando as ascendentes — ou seja, a metade superior das letras b, d, f, h, k, e/ou t — têm voltas grandes e grossas, a pessoa em questão pode ser excessivamente sensível em relação a críticas. A sensibilidade é uma característica fascinante, exceto quando se transforma em atitudes defensivas, desconfiança ou, na pior das hipóteses, paranóia.

Nova numerologia matemática

O antigo sistema de adivinhação atribui números a letras e encontra significados na matemática redutiva. Esqueça essa complicada história antiga. Neste livro, apresentamos uma maneira fácil para você ter uma breve leitura do "desejo da alma" de seu amado — ou seja, o motivo básico que direciona as ações e o caminho da vida dele.

Já pegou a caneta e o papel? Então ótimo!

PASSO 1: escreva com letras maiúsculas o nome e sobrenome dele (se você souber).

PASSO 2: usando a tabela seguinte como seu guia, escreva o número correspondente abaixo de cada vogal do nome dele. (Nota: inclua o y ou w apenas se as letras forem pronunciadas com som de vogal, como nos nomes Yuri ou William.)

A = 1

E = 5

I = 9

O = 6

U = 3

Y/W = 7

PASSO 3: some os números. Se o resultado for 10 ou mais, some os dois dígitos. Se o resultado ainda for maior do que 10, repita o procedimento (veja os exemplos a seguir para um entendimento completo). O número final de um único dígito representa o desejo da alma dele.

Exemplo A:

1. Digamos que o nome dele seja Marcos Lins.

2. A letra a vale 1; a letra o vale 6; a letra i, 9.

3. 1 + 6 + 9 = 16.

4. Na numerologia, números de dois dígitos devem ser reduzidos a números de um dígito; isso é feito somando-se os dois números. Assim, 16 transforma-se em 1 + 6 = 7.

5. O número do desejo da alma de Marcos Lins é 7.

Exemplo B:

1. Você quer saber mais sobre um cara chamado Luis Santos.

2. A letra u vale 3; o i vale 9; o a vale 1; e o o vale 6. Somando tudo, o resultado é 19.

3. Para reduzir este número de dois dígitos, some o 1 ao 9. O resultado é 10. Ainda tem dois dígitos! Portanto, você tem de somar o 1 e o 0.

4. O resultado final é 1, que é o número do desejo da alma do Luis Santos.

PASSO 4: agora que você descobriu o número significativo na vida daquela pessoa especial, é hora do desenlace. Contemple a sabedoria da numerologia.

Desejos da alma numerológica

1. Individualidade

Essa pessoa deseja ser criativa, independente, original, corajosa e ocupar posições de liderança. Ela tem todas as habilidades necessárias em sua personalidade; se estiver internamente indisposta, no entanto, pode se tornar vaidosa, teimosa ou ditatorial.

2. Harmonia e diplomacia

Charme, adaptabilidade e receptividade são seus dons, mas essa pessoa também demonstra uma afinidade por música e ritmo. Quando não está no seu melhor, pode se tornar hipersensível, insegura ou até mesmo mentirosa.

3. Expressão

Expressão artística individual é o que essa pessoa busca, e ela obtém vitórias usando seu otimismo natural, sociabilidade e charme. Na pior das hipóteses, a pessoa de número 3 é vaidosa, superficial, extravagante e ciumenta.

4. Praticidade e disciplina

Este tipo de pessoa se orgulha de ser trabalhadora e disciplinada. Seus talentos incluem confiabilidade, dignidade, precaução e resistência. Para ter sucesso, precisa evitar pensamentos negativos, que podem torná-la mesquinha, rígida ou cruel.

5. Liberdade

Por vezes chamado de "o número do homem", essa leitura indica uma pessoa que deseja liberdade e variedade na vida. Há grande possibilidade de ela ser curiosa, esperta e versátil, mas sua alegria natural de viver a coloca em risco de se tornar irresponsável, auto-indulgente e/ou insensível.

6. Lar e serviço

O homem de número 6 é guiado pelo desejo de curar ou proteger outras pessoas. Ele busca amor e harmonia e tem uma alma consciente, idealista e solidária. Quando ameaçado ou altamente infeliz, pode se tornar ansioso, intrometido, desconfiado ou cínico.

7. Análise e sabedoria

Essa pessoa introspectiva anseia por paz interior e sabedoria e tende a encontrar a satisfação em áreas científicas e técnicas. Embora geralmente refinada e equilibrada, é suscetível a comportamentos sarcásticos, indiferentes, melancólicos, exaltados ou enganadores.

8. Sucesso material e poder

É um executivo nato e pode usar suas qualidades de autoconfiança, habilidade natural, controle e bom senso para atingir grande sucesso. O aspecto negativo é que a pessoa pode acabar se tornando materialista, excessivamente ambiciosa, impiedosa e inescrupulosa.

9. Compreensão e completude

A personalidade relacionada ao número 9 pode muito bem possuir qualidades como compaixão, talento artístico, abnegação, sentimento de irmandade, visão global do mundo. Tudo isso se soma a uma alma que deseja completude – ou, talvez, um entendimento da natureza humana. Quando esses nobres ideais não prosperam, a pessoa pode mostrar egocentrismo, intratabilidade, emocionalismo deslocado ou vulgaridade.

O I Ching, até certo ponto

Por mais de 3.000 anos, o I Ching – que é tanto um livro quanto uma prática mística – tem sido uma presença profunda na China. Não é apenas um dos alicerces das filosofias gerais do país (incluindo o Confucionismo e o Taoísmo), como também serve de oráculo para inúmeros seguidores, de reis a camponeses, que o consultaram para assuntos de grande ou pequena relevância.

Praticantes dedicados do I Ching se conectam com sua sabedoria interna jogando moedas ou varetas, que são interpretadas numa figura composta por seis linhas. Algumas linhas são retas, outras são quebradas, enquanto outras são "mutantes", dependendo de como as moedas ou varetas caem. O resultado é uma das 64 figuras, cada uma com seus complexos significados.

Para aqueles com pouco tempo para se dedicar a essa prática chinesa, há alguns atalhos não-ortodoxos que penetram nos segredos do I Ching sem exigir um estudo aprofundado. Podemos utilizá-los para nos conhecermos melhor; no entanto, para os objetivos deste livro, iremos explorar as lições do I Ching para melhorar nossa vida amorosa.

Qual é o signo dele e o que ele quer?

Você pode realizar este exercício cara a cara, num ambiente reservado, ou pode ser uma "bruxinha" e fazer tudo sozinha, sem o conhecimento dele. Tudo o que você precisa saber é a data e o ano de nascimento dele.

PASSO 1: veja se a data de nascimento dele cai num dia ímpar ou par. Por exemplo, se ele nasceu no dia 17 de maio de 1966, a data de nascimento é o dia 17, um número ímpar. Se ele nasceu no dia 26 de outubro de 1970, a data de nascimento é o dia 26, um número par.

Um número ímpar indica um dia yang, que é simbolizado por uma linha horizontal sólida.

YANG

Um número par significa que ele nasceu num dia yin, simbolizado por uma linha horizontal com uma quebra no meio.

YIN

PASSO 2: observe o ano de nascimento dele. Ele termina num número ímpar? Em caso positivo, significa que ele nasceu num ano yang (linha sólida). Anote.

Se o ano de nascimento dele termina num número par, indica um ano yin (linha quebrada).

PASSO 3: combine os resultados dele com as duas primeiras colunas da tabela a seguir, então olhe para a terceira coluna para saber o símbolo de adivinhação dele.

DIA DE NASCIMENTO	+	ANO DE NASCIMENTO	=	SIMBOLOGIA DO I CHING
Yang (ímpar)	+	Yang (ímpar)	=	———————— YANG
Yang (ímpar)	+	Yin (par)	=	——X—— YANG se transformando em YIN
Yin (par)	+	Yin (par)	=	——— ——— YIN
Yin (par)	+	Yang (ímpar)	=	——O—— YIN se transformando em YANG

A simbologia do I Ching dele

————————————
Yang

Esse homem é sólido, forte, trabalhador e sério. Busca o poder e tende a atrair dinheiro, mas tem o coração de um homem de família que cumpre o papel de provedor com muita seriedade. Embora, provavelmente, tenha muitos amigos do sexo masculino, se relaciona bem com as mulheres. Sua companheira ideal é uma esposa e uma mãe (para ele e para as crianças) que cozinhe bem.

——X——
Yang se transformando em Yin

Ele é um conquistador. Calmo por fora e durão por dentro, corre atrás do que quer e não foge dos conflitos. Esse é um homem que faz e acontece, joga duro, gasta livremente e aproveita as oportunidades para ser herói. Quando se trata de relacionamentos, procura uma mulher que seja esposa e dona-de-casa. Para ele, o sexo é uma recompensa, e ele atira para todos os lados — embora nem sempre concretize seus desejos.

Yin

Tranqüilo e refinado, defende com ferocidade seu território. O homem yin é tanto um cavalheiro quanto um político calculista que usa seu carisma natural para conseguir as melhores negociações (especialmente as que envolvem imóveis ou bens de luxo). Ele é capaz de encantar pessoas com os mais diferentes comportamentos e obter a confiança delas. Quando o assunto é amor, ele irá se estabelecer com uma mulher (de preferência atraente e dona de um corpo escultural) que possa ser tanto uma parceira pública quanto uma amante carinhosa.

Yin se transformando em Yang

O homem yin/yang tem uma forte vida interior e julga seu sucesso de acordo com o seu aprendizado. Mas não se deixe levar pelas aparências: embora possa parecer forte e silencioso, é sensível e gentil por dentro. É capaz de ajudar as pessoas quando elas mais precisam e costuma trabalhar mais do que se divertir. O sexo, para ele, é algo espiritual; busca uma mulher que acredite nele e saiba ler seus pensamentos e desejos mais íntimos.

Cérebro esquerdo/cérebro direito

Nosso cérebro possui duas metades distintas — uma na esquerda e uma na direita — chamadas de hemisférios. Embora conectados por fibras que permitem combinar seus talentos, cada hemisfério está programado para realizar certas atividades. O hemisfério esquerdo está associado a habilidades verbais, lógica, seqüência, matemática e todas as coisas analíticas e intelectuais. O hemisfério direito se refere a tarefas mais intuitivas e sensoriais; é responsável por processar as emoções e interpretar estímulos não-verbais, além de ser o berço dos sentimentos.

Essa divisão entre os hemisférios se confirma, pois os dois hemisférios do cérebro são psicologicamente distintos. O lado esquerdo é composto principalmente de massa cinzenta densamente compactada, em que os neurônios estão em contato próximo e posicionados para resolver problemas complexos. O lado direito tem massa branca mais solta, o que permite conexões criativas com neurônios distantes.

A maioria das pessoas tem o lado direito ou esquerdo do cérebro como predominantes. O hemisfério principal controla muito o comportamento e influencia as decisões das pessoas, de modos estranhos e admiráveis.

Pessoas cujo lado preponderante do cérebro é o esquerdo podem se dar bem com quem tem o lado direito como principal? Claro que sim, mas é de grande valia aprender como é cada um dos tipos e reconhecer suas diferenças fundamentais. Tal conhecimento pode abrir as portas para a comunicação e evitar desentendimentos básicos.

Você pode ter o lado esquerdo como principal se você...

· Trabalha como cientista, contador, conselheiro financeiro, programador, verificador de dados, pesquisador, técnico etc.;

· lê jornais, revistas ou livros de não-ficção com freqüência, mas raramente lê romances;

· é fascinado por motores, computadores, máquinas ou sistemas em geral;

· preferiria ser um arquiteto a um designer de interiores;

· tem jeito com as palavras e prefere frases espirituosas a efusões sentimentais;

· detesta chegar atrasado;

· preferiria ser um cirurgião a ser um enfermeiro;

· acredita mais em fatos do que em sentimentos ou intuições;

· gosta de fazer planos detalhados e realizá-los;

· preferiria projetar um estúdio de gravação a ser um descobridor de talentos.

Você pode ter o lado direito como principal se você...

· Prefere arte e poesia a matemática e ciência;

· tem um trabalho artístico, criativo ou humanístico (terapeuta, professor, enfermeiro, artesão, chef de cozinha, recrutador, por exemplo);

· acredita no poder da imaginação e intuição;

· nunca aceitaria participar de um programa de auditório;

· não é especialmente organizado;

· tem sonhos vívidos dormindo ou acordado;

· prefere alugar um filme a assistir ao noticiário;

· não costuma ser pontual;

· preferiria ser um estilista a ser um diretor executivo;

· pensa naturalmente em desenhos e imagens e tem dificuldade para lidar com números.

Como os dois tipos devem se encontrar

Se você tem o lado esquerdo como principal e quer impressionar uma pessoa que tem o lado direito como principal, tente...

· Oferecer a ela prazeres sensoriais, físicos, tais como um jantar num bom restaurante, um passeio de bicicleta por trilhas silvestres, uma aula de salsa ou uma ida a um parque de diversões;

· compartilhar intimidades pessoais, emocionais; embora

possa ser difícil para você abrir o seu coração, o "direitista" irá lhe tranqüilizar e compreender o momento;

· ouvi-lo com empatia e paciência, mesmo se ele estiver "falando grego"; as pessoas que têm o lado direito como principal agradecem a habilidade que você tem de interpretar, analisar e cristalizar os pensamentos por vezes dispersos delas.

Se você tem o lado direito como principal e quer impressionar uma pessoa que tem o lado esquerdo como principal, tente...

· Pedir-lhe ajuda com um problema irritante cuja solução exija lógica e conhecimento;

· convidá-la para um evento intelectualmente estimulante, tal como uma palestra de um renomado filósofo, uma visita guiada a locais históricos ou um festival de documentários;

· deixar o "esquerdista" ensinar a você um de seus interesses favoritos, seja ele basquete, astronomia ou política.

Avalie a raiva dele no trânsito

É bem possível que o estilo de dirigir de um homem diga tudo sobre ele. Devagar e cuidadoso pode significar que ele é um rapaz tímido, com receio de se envolver muito rápido. Veloz e concentrado pode indicar um cara ambicioso, que sabe o que quer — tanto na vida quanto no amor — e tem a determinação para fazer acontecer.

Uma coisa é certa: o homem que tem ataques de fúria enquanto dirige tem um temperamento explosivo. Embora ele possa ser incrivelmente encantador e cavalheiro com você, é bem possível que a raiva dele no trânsito possa se transformar em raiva no trabalho, na cozinha ou na cama. E isso é péssimo para o relacionamento.

Supondo que você já tenha sido passageira dele pelo menos cinco vezes, as perguntas seguintes com resposta sim ou não lhe ajudarão a decidir se você pode sentar e aproveitar o passeio ou deve fazê-lo estacionar e sair do carro.

Você já viu o seu amado:

1. Ultrapassar o sinal vermelho porque não tinha nenhum carro no cruzamento?

2. Mostrar o dedo para outro motorista?

3. Discutir por causa de uma vaga para estacionar?

4. Ser rude ou confrontar um policial que o mandou parar?

5. Seguir um carro que o cortou no trânsito?

6. Ficar nervoso quando alguém na frente dele perde tempo no sinal verde?

7. Piscar os faróis ou andar colado no carro da frente (caso este seja um motorista lerdo) para forçar a ultrapassagem?

8. Rasgar um ticket de estacionamento?

Avaliação das respostas

Esperamos que você não tenha respondido "sim" a quatro ou mais perguntas. Três ou menos respostas "sim" não tem problema, pois é natural se irritar de vez em quando, especialmente se você passa muitas horas da vida dentro de um carro. Mas quatro ou mais respostas "sim" indicam um nível crescente de perigo ocasionado pela raiva no trânsito.

O meu conselho é: evite se envolver com um cara que quer partir logo para a pancadaria quando pega no volante. Os valentões crônicos usam a agressão e a violência para aliviar o estresse; como qualquer estudante de psicologia lhe diria, essa não é uma estratégia saudável de lidar com as questões da vida. Além disso, muitos desses raivosos acreditam ser superiores ao motorista — considerado por eles o "otário" — que está no carro ao lado (alguns até acham que estão acima da lei, ou deveriam estar). Recorrem à intimidação — a técnica predileta dos valentões de plantão — para limpar o caminho, com eles na frente do bando, obviamente. Tome cuidado; esse homem pode ser perigoso para você, em muitos níveis.

Se você está perdidamente apaixonada por um desses valentões do trânsito, tente dispersar sua raiva das seguintes maneiras:

1. Sugerindo a ele arrumar um trabalho perto de casa, para o qual possa ir e voltar a pé ou, pelo menos, mudar para um percurso menos caótico;

2. Inscrevendo-o nas aulas de kickboxing ou em qualquer outra atividade que o ajude a descarregar as tensões;

3. Convencendo-o a trocar o carro por um elétrico, com pouca aceleração;

4. Dando-lhe livros gravados de ação ou aventura, ou, ainda, alguns CDs com suas músicas preferidas, para ele ouvir enquanto dirige.

A verdade sobre cães, gatos e peixes

O seu rapaz tem um vira-lata felpudo, um aquário com um peixe tropical, um gatinho predileto ou uma casa cheia de gatos de rua? Os bichos de estimação que temos são um reflexo de nossa personalidade íntima. Enquanto você se aproxima de seu rapaz, dedique um tempo para observar sua interação com os animais. Vós devereis conhecê-lo de acordo com seu bichinho de estimação, como Shakespeare nunca diria.

Cães

O homem que tem um cachorro costuma ser afetuoso e expressivo — assim como o seu Réx ou Totó. Mas os cães são de diversos tamanhos e formas e desempenham papéis diferentes. Veja qual das categorias a seguir melhor descreve o relacionamento entre o seu rapaz e o companheiro peludo dele.

O GUERREIRO DE FIM DE SEMANA. O seu companheiro tem um cachorro grande ou de tamanho médio que ele leva para correr, subir montanhas, andar de bicicleta, nadar ou acampar? Em caso positivo, o animal é possivelmente um substituto para a amizade masculina, e há grande chance de que o homem da sua vida tenha escolhido um cachorro porque é fácil se dar bem com ele, que sempre o escuta, está pronto para aventuras no estalar da coleira, não bebe, não é chato e não irá envergonhá-lo ou agredi-lo. Esse relacionamento homem/cão sugere um homem independente, que é capaz de compartilhar as coisas, adora atividades e tem muito amor para dar. O segredo é você se dar bem com o cãozinho logo de cara, para que você possa fazer parte desse triângulo de aventuras. Cuidado: o guerreiro de fim de semana e seu cachorro podem chamar a atenção de muitas mulheres além de você; portanto, deve-se encher o cãozinho de afeto, prazeres, brinquedos e embarcar com tudo para obter a devoção completa do cachorro.

O INVESTIDOR. Alguns homens têm cachorros como símbolos de status ou para ganhos financeiros. O investidor pode ter um ou dois cachorros caros, com pedigree, que ele manda para escolas de adestramento, submete a exames veterinários minuciosos e cuida da aparência com muito capricho. É bem provável que ele os tranque à noite, alimente-os com suplementos nutricionais e cruze-os, para vender os filhotes. Caso ele esteja disposto a rejeitar um animal de estimação só porque o cão vive mordendo sapatos ou sofre de algum problema ósseo, então ele é um homem superficial, que valoriza lucros e classe social em detrimento dos envolvimentos emocionais. Se ele se apaixona por seu cãozinho, no entanto, demonstra seu verdadeiro coração. Esse gentil investidor pode ser exigente e cabeça-dura por fora, mas possui uma essência de ternura e compaixão. Desse homem, provavelmente, vale a pena correr atrás, contanto que você seja capaz de impressioná-lo à primeira vista com sua ótima criação e forma excelente.

O SALVADOR. Esse homem levará para casa um vira-lata magérrimo que encontrou na rua ou adotará um vira-lata de uma instituição no dia que estiver marcado para ele ser sacrificado. Se o cãozinho tiver sido abandonado, negligenciado ou sofrido abuso, o salvador irá devolver-lhe a saúde e será recompensado com sua lealdade por toda a vida. Geralmente, o salvador é um homem tímido ou socialmente inábil, que se relaciona com um cachorro mal-amado como um companheiro mal compreendido. Ele se sente bem com o amor incondicional de seu companheiro quadrúpede e freqüentemente cria um vínculo emocional com o animal que, para ele, é mais estável do que a maioria de seus relacionamentos humanos. Como parceiro romântico, trata-se de um homem tão sensível que chega a ser quase um defeito, e não confia nos outros facilmente. Se você é uma mulher paciente e compreensiva, pode até ganhar a confiança desse rapaz e acessar sua alma profunda, íntima e ferozmente comprometida.

Gatos

Belos, graciosos e independentes. Por vezes orgulhosos, por vezes hilários, muitas vezes confortantes, sempre imprevisíveis. Gatos são mais colegas de casa do que bichinhos de estimação. Como ocorre com os cães, no entanto, há todos os tipos de felinos e de homens que os amam. Estude a dinâmica da relação entre o seu homem e o(s) gato(s) dele e logo você terá uma fotografia da sua psique.

HOMEM DE UM GATO SÓ. Se ele o comprou como um bichano ou herdou de um antigo colega de quarto, esse homem tem uma ligação forte com um gato específico. Provavelmente ele não é um tipo que adora gatos, e pode não se interessar nem um pouco por outros felinos, mas compartilha seu território com um parceiro quieto, que sobe no batente da janela, senta no jornal e pede para ser mimado de vez em quando. O homem de um gato só aprecia a personalidade e a beleza de seu animal de estimação e gosta de tê-lo ao redor da casa, mas não exige sua atenção. Ele traz uma dinâmica parecida aos relacionamentos amorosos: respeita a independência da mulher e fica bastante feliz em dar e obter espaço, depois se encontra com ela no final do dia para as carícias e gemidos.

O CORAÇÃO DE MANTEIGA. Ele não suporta virar as costas para animais necessitados. Pode tratar de pássaros sem dono e guaxinins machucados, mas sua verdadeira fraqueza são os gatos de rua. Geralmente começa com um simples ato de caridade, tal como retirar um gatinho esfomeado de um depósito de lixo. Gatos não exigem muitos cuidados, então quando um segundo gato é resgatado da beira da estrada, ele o leva para casa. O homem com coração de manteiga adora ver seu gato ir do desespero ao contentamento; mais cedo ou mais tarde, um terceiro felino será adotado. Se a coleção de gatos parar por aí, então você pode considerar o "coração de manteiga" um homem caridoso, que é dedicado à vida familiar e pode ser um ótimo candidato a pai natural ou adotivo. No entanto, se o bando de felinos continuar a crescer, tome cuidado: ele pode ter uma personalidade compulsiva e terminar com 28 gatos e uma intimação da sociedade protetora dos animais.

O APRECIADOR DE GATOS APRECIÁVEIS. Esse é um homem encantado pelo mistério e pela história dos gatos. É atraído por gatos de raça — independentemente do quão complicados e exigentes eles possam ser — e fica mais do que satisfeito em enchê-los de carinho e cuidado. Não importa se o gato em questão não corresponda ao seu amor. Ele considera seu gato de raça como um bem precioso, mesmo se o enjoado felino se recusar a ronronar ou procriar. Você consegue perceber uma leve disposição masoquista aqui? Na questão amorosa, o apreciador de gatos apreciáveis tem a tendência a venerar mulheres que estão longe e é propenso a ter namoradas do tipo "troféu", que ficam bem ao seu lado e aceitam seus presentes, mas que não têm nada a dizer a ele. Há uma cura para essa síndrome: muito contato amoroso com uma mulher verdadeira, que possa ajudá-lo a conseguir uma comunicação sincera.

Peixes

É aqui que a ciência e a estética se encontram. O homem que tem peixes tropicais deve criar e manter um ecossistema em miniatura no qual esses coloridos vertebrados possam sobreviver. A questão é tanto o aquário quanto o animalzinho com barbatanas.

O LOUCO POR ÁGUA. Independentemente de ele ter um aquário de água doce ou salgada, o proprietário dedicado de um aquário precisa ser um gênio químico, assim como um expert na ciência dos hábitos e comportamentos dos peixes. O resultado de seu trabalho é um espetáculo deslumbrante, cuja visão se assemelha à das expedições de mergulhadores em recifes de coral. Como namorado ou marido, esse homem manterá a vida familiar organizada e fluindo bem. Manter um aquário limpo, o peixe saudável, a temperatura correta da água e um equilíbrio perfeito de pH exige habilidades semelhantes às de manter o forno em funcionamento, as cercas enfeitadas e os livros equilibrados. Mulheres que solicitam muitos cuidados, alegrem-se: o louco por água está acostumado a proporcionar ambientes nobres, onde belas criaturas podem prosperar.

O QUE ESTÁ SEMPRE MUDANDO. O homem cujo único bichinho de estimação é um solitário peixe-dourado pode desejar a presença de criaturas vivas ao seu redor, mas não quer ter o trabalho de uma conservação complicada ou se comprometer a longo prazo. Peixes-dourados são geralmente bichinhos de estimação temporários, que se adaptam bem a estilos de vida temporários. O homem em questão pode estar esperando para encontrar seu verdadeiro lar, definido pela mulher que ele ama.

Capítulo Dois
CONJUNTO DE ATIVIDADES DE INTELIGÊNCIA INTERATIVA

Todo mundo adora ter atenção incondicional. Como mulher, você se deleita com rituais como massagens faciais, tratamentos de mãos, unhas e longas conversas com sua melhor amiga, nas quais você se torna o centro do universo (nem que por apenas uns vinte minutos).

Os homens raramente usufruem cuidados pessoais tão intensos, razão pela qual as atividades descritas aqui são tão atraentes, interessantes e até... sensuais.

Este capítulo é interativo. Ele pede que você entre em contato com seu amado de todas as maneiras, inclusive fisicamente (leitura da palma da mão), subconscientemente (o cubo), emocionalmente (teste da ex), e na brincadeira

("Eu nunca...!"). Você está preparada para fazer perguntas-chave, aplicar testes e mergulhar na mente dele, enquanto olha esse homem no fundo dos olhos? E está preparada para aceitar as respostas?

Muito bem, siga adiante.

Quiromancia para o impaciente

Você sabia que as linhas nas palmas de suas mãos estão sempre mudando? Na verdade, elas mudam muito lentamente; por isso, talvez, a palavra certa seja evoluindo. De qualquer maneira, os quiromantes acreditam que existe em elo entre as linhas das mãos e os caminhos neurológicos da mente (que também evoluem com o tempo).

A quiromancia é uma técnica complicada e um autêntico praticante irá interpretar todos os tipos de elementos, desde as linhas ao redor de seus pulsos até a extensão de seus dedos.

Iremos abordar apenas as técnicas básicas da quiromancia, mas elas serão o bastante para que você possa surpreender seu rapaz com uma leitura rápida da mão dele, enquanto, furtivamente, reúne informações para seu arquivo secreto. Para isso, concentre-se na linha do coração e na linha da cabeça. Essas duas linhas mais importantes podem ser curtas ou longas, curvas ou relativamente retas, e podem até se cruzar.

Como fazer uma rápida leitura de mão

1. Segure com ambas as mãos a palma esquerda dele, com os dedos dele apontados para você. Esta é a mão que você quer ler, pois está ligada ao hemisfério direito do cérebro dele e, portanto, representa seu lado emocional, criativo e intuitivo.

2. Localize a linha do coração, que é a linha horizontal mais próxima da base dos dedos. Compare-a com os exemplos abaixo para encontrar o que melhor a representa. Nota: se a linha do coração for mais pronunciada do que a linha da cabeça, é sinal de que ele se deixa levar mais pelas emoções do que pelo intelecto. Nesse caso, dê preferência para a leitura da linha do coração, antes da leitura da linha da cabeça.

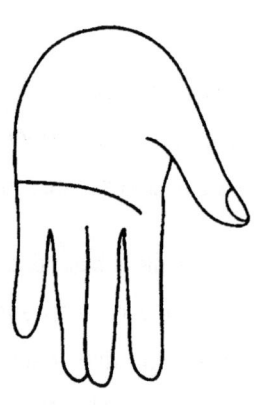

A linha do coração começa na base do dedo indicador e se estende para o lado esquerdo da mão, de forma relativamente reta: indica devoção, afeição, compreensão e compaixão. Esse homem é propenso a amores estáveis.

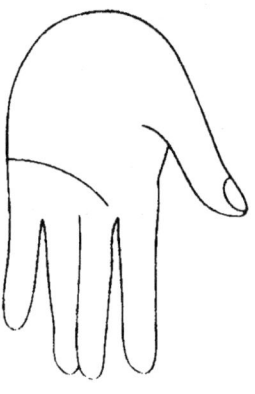

A linha do coração se origina entre o dedo indicador e o dedo médio e se estende para a esquerda, numa curva leve ou pronunciada: ele é tolerante e prático, possui muito bom senso em se tratando de amor; entretanto, é provável que seja sensual demais.

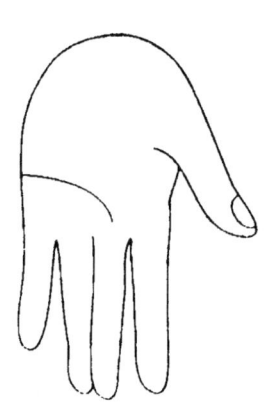

A linha do coração começa na base do dedo médio e se estende para a lateral da mão, numa curva leve ou pronunciada: ele tem um poderoso impulso sexual e pode colocar os próprios desejos acima das necessidades alheias.

3. Localize a linha da cabeça. Essa linha horizontal corre paralela à do coração e normalmente se inicia entre o polegar e a base do dedo indicador. Se a linha da cabeça for mais proeminente que a linha do coração, isso indica que ele é conduzido mais pela razão do que pela emoção. Nesse caso, a leitura da linha de sua cabeça terá mais peso do que a leitura da linha do coração.

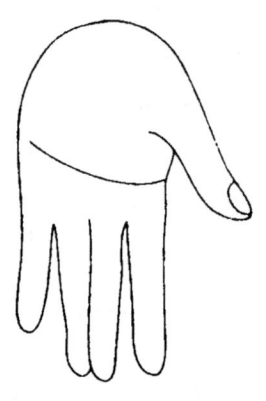

A linha da cabeça se origina mais ou menos na metade do caminho entre a curva do polegar e a base do dedo indicador (seu traçado pela palma pode ser curvo ou reto): ele é cauteloso e capaz, mas também alegre. Quanto mais próxima ao polegar estiver a linha da cabeça, mais criativo e sonhador ele é.

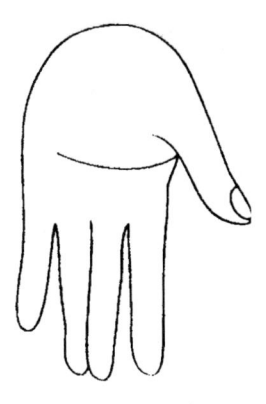

A linha da cabeça começa em cheio na curva do polegar: ele tende a ser inquieto, facilmente influenciado pelos outros e pode ser impaciente e propenso a discussões.

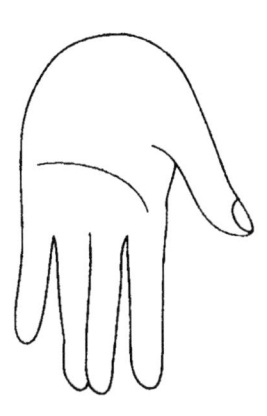

A linha da cabeça começa perto da base do dedo indicador, possivelmente se conectando nesse ponto à linha do coração: ele é um líder nato, provavelmente ambicioso, eficiente, talentoso e, talvez, também egocêntrico.

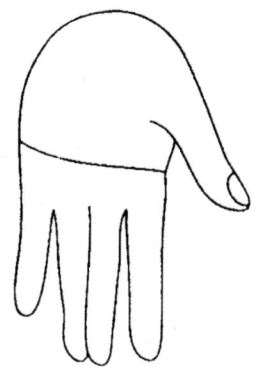

A linha da cabeça e a linha do coração se unem ou se cruzam além do ponto de origem: ele pode muito bem ser um homem indiferente (ou até mesmo frio), calculista, insensível e dedicado apenas a si mesmo.

Quiromancia astrológica

Os segredos da alma são encontrados não apenas nas linhas das mãos de uma pessoa como também podem ser lidos nas saliências e superfícies carnudas, conhecidas como "montes", que também ajudam a fazer da palma de uma mão uma obra de arte única.

Há muito tempo, os astrólogos batizaram os sete maiores montes da mão com os nomes dos corpos celestes. Eles foram associados a certas qualidades de personalidade e caráter. Portanto, as protuberâncias da palma da mão podem revelar um mapa íntimo, sendo que o monte mais proeminente conduz a leitura.

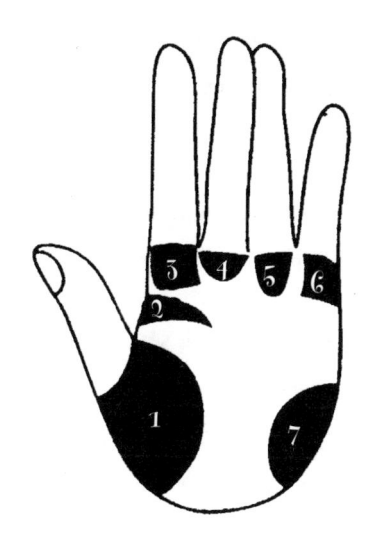

1 – Vênus
2 – Marte
3 – Júpiter
4 – Saturno
5 – Sol
6 – Mercúrio
7 – Lua

A palma de Mercúrio tem um Monte de Mercúrio protuberante. Quando os dedos são abertos, o dedo mínimo tende a se distanciar bastante dos outros dedos.

Essa pessoa é culta, letrada e de raciocínio rápido. Pode ser muito divertida em situações sociais, mas tende a valorizar o discurso intelectual mais do que as interações emocionais. Em se tratando de relacionamentos, ele deseja uma mulher que o desafie e se desenvolva com ele, tanto mental quanto fisicamente.

A palma solar é geralmente marcada por um Monte Solar bem desenvolvido e um dedo anelar que é maior (ou mais comprido) do que o dedo médio.

Ele é um líder que anseia fortemente por poder e reconhecimento público. Socialmente charmoso, cativante e estimulante, gosta de ser o centro das atenções. No campo do romance, pode fazer você se sentir como uma rainha e a mais feliz das mulheres, mas cuidado: muitos do tipo Solar são identificados por tratarem as mulheres como objetos.

A palma de Saturno é marcada por um longo dedo médio, que cresce a partir de um Monte de Saturno bem pronunciado.

O homem de Saturno tende a ser solitário. É sério e cauteloso, mas também pode ser autoconfiante, prático, ambicioso e paciente. Possui uma forte veia perfeccionista, que se estende aos relacionamentos amorosos e o torna leal e confiável, mas não necessariamente excitante ou um romântico declarado.

A palma de Júpiter é normalmente grossa e bem protuberante, desde os dedos até o pulso, e possui o Monte de Júpiter bem carnudo e destacado.

Essa palma é a marca de uma pessoa bem equilibrada, tolerante, generosa, ousada e abençoada com uma sorte inacreditável. No amor, o homem de Júpiter é só brincadeira e diversão, porém não dado a compromissos. A menos que ele tenha mais de 40 anos, pense nele como uma rápida e excitante aventura e divirta-se.

A palma de Marte faz sobressair o Monte de Marte, que pode ser marcado por uma saliência de pele arredondada acima da junta do polegar (mais perceptível quando os dedos são colocados juntos). Os homens de Marte freqüentemente apresentam polegares fortes e bem desenvolvidos.

Corajoso, batalhador, vigoroso e alerta, o homem que tem essa mão sempre se destaca nos esportes e em outras formas de competição. Em situações românticas, é ele quem dita as regras, se auto-elege diretor e produtor da relação e assume o papel do protetor apaixonado.

A palma de Vênus pode ser identificada por um carnudo Monte de Vênus, que se inicia na base do polegar e se estende até próximo ao centro da palma. Não se surpreenda se a mão de Vênus for um pouco pequena e com dedos curtos.

Prazer e beleza são seus princípios básicos. Isso demonstra que ele é um artista, é ativo, possui personalidade magnética, é sexualmente atraente e se deixa seduzir facilmente por ambientes e situações interessantes. Como parceiro amoroso, você pode ter certeza de que será divertido e criativo. Mas não espere que seja previsível ou confiável.

A palma Lunar é suave e freqüentemente caracterizada por muitas linhas finas, além de um Monte da Lua proeminente.

Essa mão pertence a um homem de muitas faces, que é extrovertido, sonhador e agradável. É incansável, ousado e criativo, porém também extravagante, desagradável e sujeito a violentas alterações de humor. É um ser cíclico, como a própria Lua, e, provavelmente, fará com que suas parceiras românticas passem por todo tipo de mudanças, boas ou não.

Leitura do polegar

Pessoas que "lêem" o polegar acreditam que esse dedo pode ser o "caminho" com o qual você poderá descobrir o caráter de qualquer pessoa. Embora essa técnica não seja tão divertida quanto a quiromancia, pode ser um exercício revelador e surpreendente. Além do mais, é uma boa desculpa para chegar mais perto do rapaz e tocá-lo. A leitura do polegar pode ser facilmente praticada, seja na penumbra de um salão de festas, seja no banco de trás de um carro ou em qualquer outro lugar de sua preferência.

Um polegar comprido é tão alto quanto a junta do meio do dedo indicador. O dono desse dedo é confiante e incentivador, porém apresenta tendência a trabalhar demais e chegar à exaustão.

Um polegar é considerado curto se não alcançar o nó do meio do dedo indicador. Essa pessoa é extrovertida e pode se adaptar a quase todas as situações. Pode ter problemas de auto-afirmação ou para expressar as próprias necessidades, portanto seja gentil.

Um polegar flexível pode facilmente se curvar para trás, num clássico estilo "carona". Tal dedo indica imparcialidade, mente aberta e generosidade de espírito. Embora ele não tenha medo de pensar por si mesmo, tende a querer agradar aos outros à própria custa.

Um polegar firme não se move para trás com a mesma facilidade de um polegar flexível. Provavelmente pertence a um tipo responsável, dependente, que, às vezes, pode ser teimoso e um pouco resistente a novas idéias.

Os polegares possuem três falanges, que são as áreas carnudas entre os nós. A primeira falange, que fica no topo do dedo, no local da digital, representa a vontade. Se essa falange for bem desenvolvida, a pessoa é forte de mente e de espírito e trabalha duro para conseguir o que quer.

A segunda falange, localizada entre as duas juntas do polegar, representa a lógica. Uma segunda falange carnuda indica uma pessoa prática, dona de uma mente científica, cujos problemas são resolvidos pela razão. Se essa mesma falange for cônica no meio (como se tivesse uma "cintura"), significa que a pessoa tem senso de humor e adora gente.

A última falange é parte da palma, porém é também uma extensão do polegar. Conhecida como Monte de Vênus, essa falange é associada ao amor, à paixão e à sensualidade. O homem com um Monte de Vênus carnudo é afetuoso e sensual... Um verdadeiro Romeu.

O cubo

Esse é o teste interativo perfeito para um dia tranqüilo, numa tarde ociosa; enquanto passa um daqueles programas chatos na TV; numa temporada na praia; num aeroporto, à espera de um vôo atrasado; ou em seu apartamento, quando faltar luz.

As perguntas parecem bastante inocentes. À primeira vista, você jamais saberia que o teste do cubo costuma produzir um perfil psicológico surpreendentemente acurado da pessoa na qual ele é aplicado. Se estiver administrando esse teste a um homem de quem você gosta, esteja preparada para receber todo tipo de informação sobre sua auto-imagem, sua vida amorosa, seus amigos e muito mais.

Você vai precisar de uma caneta e de algumas folhas de papel. Fará as perguntas e escreverá as respostas na medida em que elas forem sendo dadas. O cubo exige um pouco de visualização criativa da parte dele e uma boa habilidade de análise de sua parte, já que você estará interpretando as respostas e apresentando suas conclusões em voz alta, no final. Nota: é melhor conduzir a entrevista do cubo quando vocês dois estiverem a sós, num local reservado.

Perguntas

1. Você está num deserto e vê um cubo.

- De que tamanho é o cubo em relação à paisagem?
- A que distância ele se encontra de você?
- De que cor ele é?
- De que material o cubo é feito?
- Ele é transparente? Podemos ver o que há lá dentro?

2. No deserto, há também uma escada.

   · Qual o tamanho dela?

   · Onde está a escada em relação ao cubo?

   · Ela está encostada no cubo?

   · De que cor é a escada?

   · De que material ela é feita?

   · Quantos degraus, aproximadamente, tem a escada?

3. Há um cavalo.

   · Qual a distância entre o cubo e o cavalo?

   · De que cor é o cavalo?

   · Qual o tamanho dele?

   · O cavalo está selado, com rédeas, um cobertor ou algo mais?

   · Descreva os movimentos do cavalo.

4. Há uma tempestade.

   · Onde está a tempestade em relação ao cubo?

   · Que tipo de tempestade é?

   · Qual a dimensão da tempestade em relação à paisagem?

   · Ela está passando ou continua?

Respostas

Aqui você vai se tornar uma verdadeira junguiana, proporcionando uma análise criativa das respostas de seu objeto de estudo. Por haver muitas variáveis, posso apenas fornecer orientações básicas: o resto é com você. Aqui vão elas:

1. O cubo representa a vida interior do homem que você está entrevistando e o que ele pensa de si mesmo. Se o cubo é relativamente grande em relação à paisagem, significa que as necessidades e os sentimentos dele são importantes. Se for relativamente pequeno, quer dizer que ele enxerga a si mesmo apenas como parte de um todo. Se o cubo for transparente, significa que ele é emocionalmente acessível; mas, se for feito de vidro, também pode representar fragilidade emocional. Materiais duros e impenetráveis, tais como o aço, significam que a pessoa construiu barreiras muito fortes ao redor de si. Materiais maleáveis, porém, como o couro ou a lã, significam que a pessoa possui força e flexibilidade.

2. A escada representa os amigos, a família e/ou seu círculo social. O tamanho da escada indica quanto os amigos e a comunidade são importantes para ele. Se a escada estiver encostada no cubo, quer dizer que os outros dependem dele; se a escada estiver apoiando o cubo ou deitada sob o cubo, significa que ele é dependente dos outros. A distância entre o cubo e a escada representa quanto ele se sente próximo de sua "tribo"; a estrutura, a cor e o material da escada indicam como ele percebe seu círculo

social. Por exemplo, se a escada for feita de borracha ou possui tantos degraus que não pode ser escalada, ele se sente inseguro quanto à confiabilidade dos amigos e da família. Se, por outro lado, é uma escada sólida ou brilhante, fortemente plantada no solo, ele se sente seguro em seu círculo social.

3. O cavalo representa a pessoa amada. Se o cavalo estiver distante do cubo ou muito além dele, quer dizer que ele não tem nenhum relacionamento ou não se sente emocionalmente ligado à pessoa. Um cavalo musculoso, que galopa vigorosamente, representa uma relação sexual que não é necessariamente estável. Ao contrário, uma velha égua cinzenta pode indicar uma relação confortável, porém sem nenhuma excitação sexual. Se o cavalo estiver usando rédeas ou uma sela, significa que ele gosta de controlar a pessoa amada. Se estiver com um cobertor ou algo similar, ele é protetor, sem ser possessivo. Se não estiver usando nada, ele aprecia ter uma companheira de espírito independente. Nota: se a pessoa que você está entrevistando não tem nenhum relacionamento, o cavalo que ela visualiza pode representar o amor que ela gostaria de ter.

4. A tempestade representa problemas ou obstáculos na vida dele. Se a tempestade engole ou obscurece o cubo, quer dizer que ele está enfrentando dificuldades no momento. Pode significar, também, que ele tem um problema e que vive sob uma nuvem negra, por assim dizer. Se a tempestade está distante do cubo, quer dizer que ele não permite que os obstáculos permaneçam em seu caminho; mas pode indicar, também, que ele não en-

frenta os problemas e, em vez disso, os reprime ou ignora. Se a tempestade está passando pela paisagem, isso implica que ele é um sobrevivente, apesar de infortúnios ocasionais. A intensidade da tempestade reflete a gravidade de seus problemas.

O teste do introvertido/extrovertido

Um extrovertido é geralmente uma pessoa muito falante e otimista, que responde ao estímulo do mundo externo e adora badalações. Extrovertidos são sempre charmosos e, normalmente, ótimas companhias, mas podem ser um pouco superficiais e preferir a sensação à auto-reflexão ou ao pensamento ponderado.

Um introvertido é alguém que prefere a própria companhia; tem uma vida social reduzida e seletiva e, freqüentemente, uma visão pessimista a respeito das pessoas e acontecimentos à sua volta. Pessoas introvertidos não costumam ser "arroz-de-festa", mas muitos têm uma vida interior rica e bem desenvolvida, com especial interesse em assuntos intelectuais e espirituais.

Então, de que tipo é o seu namorado? Uma maneira de descobrir é fazer com ele o seguinte teste, que lista doze situações imaginárias. Leia cada uma delas para o rapaz que você está analisando e pergunte se ele concorda com a afirmação ou se a cena descrita parece algo que ele faria. Quando ele responder "sim", assinale o item. Quando ele disser que não, deixe-o em branco.

1. Você prefere ficar de férias num chalé afastado a ficar num resort da moda.

2. Quando conta uma história, às vezes a enfeita com detalhes, para dar um efeito dramático.

3. Você vai a uma festa na casa de amigos, mas o lugar está tão cheio e barulhento que resolve ir embora cedo.

4. Quando surge alguma emergência no trabalho, está sempre pronto e disposto a "resolver qualquer parada" e salvar o dia.

5. Quando viaja de trem ou avião, você se arma com livros, papelada do trabalho ou com uma máscara de dormir para evitar que o companheiro ao lado tente puxar papo com você.

6. Em casa, geralmente deixa a TV, o rádio ou o som ligados ao fundo.

7. Você curte toda oportunidade de trabalhar sozinho.

8. Prefere assumir projetos a curto prazo (dias, semanas) a assumir projetos a longo prazo (meses, anos).

9. Você é cuidadoso com seu dinheiro.

10. Prefere estar no palco a estar na platéia.

11. Sua casa é seu oásis particular: vizinhos barulhentos, britadeiras na rua, cachorros latindo e alarmes de carro o deixam louco.

12. Você está dando um pequeno jantar. Uma hora antes, recebe um telefonema de dois amigos que acabaram de

chegar à cidade. Você os convida sem hesitação, mesmo que isso signifique que vai ter de arrumar cadeiras extras e repensar as porções.

Avaliação das respostas

Se ele concordar com a maioria das afirmações de número par, é bastante extrovertido. Seis números pares é um placar perfeito e indica uma pessoa extremamente extrovertida. Como parceiro, esse rapaz pode significar divertimento infinito. Ele adora aventuras e agitação e está sempre pronto a experimentar coisas novas. O extrovertido é um ser sociável que acredita que quanto mais, melhor: adora ter muitos amigos e prefere viajar em grupo. As mulheres extrovertidas (em diversos graus) se dão melhor com os homens extrovertidos (em vários graus), pois ambos possuem personalidades expansivas e compartilham o espírito *joie de vivre* (alegria de viver). Se você é possessiva ou tende a ser ciumenta, fique longe dos que pontuaram alto no teste. Muitos são namoradores incorrigíveis, e esse comportamento – não importa quão inocente – atormentaria você infinitamente.

Se a maior parte das respostas positivas for de número ímpar, ele é um introvertido nato. Um resultado perfeito seria seis respostas de número ímpar, sinal de que ele é um indivíduo extremamente introvertido. Em geral, o homem introvertido é do tipo quieto, que anda no próprio ritmo e não pede a atenção ou a aprovação de estranhos. No entanto, águas paradas são profundas. Quando um introvertido permite que você adentre no seu mundo particular, é uma atitude muito significativa da parte dele. Uma vez lá dentro, você poderá descobrir camadas múltiplas que alimentam tanto sua alma quanto seu coração. Se você mesma for um pouco introvertida, pode não querer sair nunca de lá. Os muitos extrovertidos, por outro lado, deveriam pensar duas vezes antes de se envolver com introvertidos. O extrovertido agitado e expansivo poderia se sentir sufocado, insatisfeito ou oprimido pelo universo recluso do introvertido.

Quando os resultados são equilibrados entre o extrovertido e o introvertido — digamos, quatro de um e cinco do outro —, você poderá tirar suas conclusões combinando as descrições acima de cada tipo e atribuindo mais peso ao resultado maior.

Se o resultado do teste for igualmente distribuído entre os números pares e ímpares, significa que ele é dotado de um grande repertório de habilidades. Numa combinação perfeita, o rapaz é sério e brincalhão, quieto e animado, discreto e popular. Por outro lado, pode ser pessimista e inconveniente; negativo e superficial; anti-social e exibido. Para o seu bem, espero que essa mistura seja muito bem balanceada.

Viagens são para amantes

Férias a dois podem ser maravilhosas e deliciosas. Oferecem a oportunidade para o romance e a convivência, são uma ótima válvula de escape para a rotina e permitem que vocês dois atuem em conjunto num novo território. Se bem planejadas, as férias podem elevar um relacionamento a novos patamares. Caso contrário, podem provocar brigas, duros silêncios ou amargos rompimentos.

Quando estiver à procura de um novo namorado, leve em consideração os gostos dele nas saídas para os feriados. O paraíso de um homem pode ser o inferno de uma mulher, e vice-versa.

O teste a seguir deve ser realizado por vocês dois. Assinale suas respostas mais honestas, usando cores distintas para diferenciar as suas respostas das dele, depois some os resultados e compare-os no final.

1. Entre as alternativas abaixo, qual é o seu tipo preferido de viagem?

a. Aventuras ao ar livre, onde seja possível andar de bicicleta, praticar esportes aquáticos, cavalgadas, esqui etc.

b. Férias relaxantes que oferecem o maior tempo livre possível, numa linda paisagem.

c. Férias em que se possa explorar a vida cultural de grandes cidades tais como Paris, Roma, Londres ou Atenas.

d. Jornadas a lugares distantes, que dificilmente estão lotados de turistas (como Patagônia, Quênia, Alasca, Dubai e Nova Zelândia).

2. O seu agente de viagens lhe oferece quatro opções de acomodações, todas no lugar de sua escolha e na mesma faixa de preço. Qual você escolhe?

a. Um chalé rústico.

b. Uma república antiga.

c. Um hotel moderno.

d. Uma casa flutuante particular.

3. É hora do jantar. Onde você preferiria comer?

a. Ao redor de uma crepitante fogueira, num acampamento.

b. No deck do bangalô de um amigo.

c. Num restaurante de luxo.

d. Numa espelunca bem fora de mão, que serve autêntica comida local.

4. Seu (sua) companheiro(a) de viagem está deixando você maluco(a). Por quê?

a. Ele ou ela resiste à maioria de suas sugestões.

b. Seu(sua) companheiro(a) traça planos individuais, a fim de ter as próprias aventuras.

c. Ele ou ela insiste em ficar em casa à noite porque prefere dormir cedo.

d. Seu(sua) companheiro(a) se queixa o tempo todo sobre a qualidade das acomodações, da comida, dos serviços etc.

5. Enquanto está de férias, você é convidado(a) a usar um dos seguintes meios de transporte por um dia. Qual deles você escolhe?

   a. Um utilitário esportivo.

   b. Um cavalo e uma charrete.

   c. Um compartimento exclusivo num trem estilo europeu.

   d. Um balão a gás.

6. Das alternativas abaixo, qual delas você menos gostaria de fazer em suas férias?

   a. Compras.

   b. Ir a um parque de diversões.

   c. Tomar um ônibus de excursão.

   d. Visitar lugares históricos (vilarejos coloniais etc.).

7. No caminho para casa, seu vôo de conexão é cancelado e você fica detido(a) por oito horas. A companhia aérea está disposta a oferecer várias formas de compensação. Como você tira o máximo de proveito da situação?

   a. Para evitar a espera no aeroporto, você considera outras opções de transporte: trem, ônibus, carro de aluguel, e pede à companhia que pague a conta.

   b. Requisita à companhia aérea que alugue um quarto num hotel próximo, para que você possa descansar.

c. Negocia milhas, mudanças para a primeira classe, vouchers ou outras regalias para futuras viagens.

d. Aproveita a oportunidade para conhecer a cidade na qual está preso(a) e consegue que a companhia aérea pague o máximo possível do que você gastou na visita.

8. Você teve férias perfeitas. Que atividade ou acontecimento será, provavelmente, o mais memorável para você?

a. Quase cair na hora da escalada.

b. Ler na praia.

c. Dançar a noite toda na boate mais animada da cidade.

d. Conseguir uma consulta incrível com algum xamã, sábio ou sacerdotisa local.

Contagem de pontos

Some o total de cada letra de suas respostas e escreva-o abaixo:

ELE: VOCÊ:

a____   a____

b____   b____

c____   c____

d____   d____

Resultados

A = O CAÇADOR DE EMOÇÕES

Quatro ou mais respostas "a" apontam viajantes que se sentem mais livres quando estão fisicamente ativos, ao ar livre. Caçadores de emoções adoram misturar-se à mãe natureza e, freqüentemente, jogam sua energia na terra, na água e no vento. Se tiver seis ou mais respostas "a", você é um(a) verdadeiro(a) caçador(a) de emoções, que não resiste a um rapel, uma escalada, velejar no oceano ou outras aventuras radicais. Caçadores de emoções viajam melhor com gente de seu temperamento, mas também podem aproveitar muito com os chamados individualistas intrépidos. Quando ao lado dos sossegados ou dos cosmopolitas refinados, devem estar preparados para equilibrar suas brincadeiras ao ar livre com diversões mais passivas e compreender que essas pessoas, normalmente, não gostam de "radicalizar".

B = O SOSSEGADO

A escolha de pelo menos quatro alternativas "b" significa relaxamento, e é isso que o sossegado busca numa viagem. Prazeres simples como dias ociosos, caminhadas e preparar refeições caseiras são pequenas delícias que agradam a esse ser. Seis ou mais respostas "b" indicam um supersossegado, ansioso por tirar o próprio fone mental do gancho. Esse viajante está fugindo das exigências da "vida real" e valoriza períodos livres mais do que atividades planejadas. Ele ou ela quer privacidade e pode retornar ao mesmo destino, digamos, um chalé na praia, ano após ano, para descansar em ambientes acolhedores e familiares. Os sossegados tendem a se relacionar maravilhosamente bem com outros sossegados, mas também podem ser compatíveis com certos individualistas intrépidos. Para ter uma boa relação com caçadores de emoções ou cosmopolitas refinados, entretanto, os sossegados precisam, de vez em quando, reservar um tempinho a fim de recarregar as baterias numa abençoada e merecida solidão, enquanto seus companheiros mais ansiosos conquistam o mundo à sua maneira.

C = O COSMOPOLITA REFINADO

Respostas "c" (quatro ou mais) pertencem àqueles que buscam extrair o máximo de uma bela cidade grande. Eles anseiam pelo luxo e adoram ser paparicados, mas o verdadeiro objetivo de sua viagem é ser estética e intelectualmente estimulados. Cosmopolitas refinados tendem a gravitar em direção a cidades prósperas, onde possam encontrar inspiração em butiques, teatros, cafés, estúdios, salas de palestras, boates e esquinas. Se você marcou seis ou mais respostas "c", provavelmente é ligado em novidades e se diverte muito quando fica no melhor hotel da cidade, consegue reservas nos restaurantes mais descolados, vai a pré-estréias de óperas, descobre uma boate agitada e é convidado para festas superbadaladas. Seu(sua) companheiro(a) de viagem ideal deve ter pelo menos quatro ou mais respostas "c", ou acabará caindo na faixa dos individualistas intrépidos. Do contrário, talvez você tenha de fazer as vontades dele(a) durante o dia, para depois assumir o controle do itinerário à noite.

D = O INDIVIDUALISTA INTRÉPIDO

Você assinalou pelo menos quatro respostas "d"? Nesse caso, você deseja uma viagem de verdade e se sente atraído por estradas menos movimentadas. Seis ou mais respostas "d" descrevem um individualista intrépido extremo, que anseia por mergulhar em águas desconhecidas. O objetivo é se tornar mais culto e talvez mais esclarecido. Como tal, esse tipo não vê problema em puxar conversas com pessoas desconhecidas e não pensa duas vezes antes de topar com escolhas que outros podem considerar arriscadas (jantar na casa de um estranho, pilotar motocicletas com moradores da região ou aventurar-se em bairros que os guias não aconselham, por exemplo). Se você se identificou com esta descrição, então vai se dar muitíssimo bem com outros individualistas intrépidos e poderá também aproveitar a viagem com certos caçadores de emoções (enquanto houver desafios físicos). Todavia, tome cuidado com sossegados e cosmopolitas refinados. Ambos exigem certo controle sobre seus arredores e podem não se encantar tanto quanto você pela idéia de "viver como um nativo".

Você não é ciumenta, é?

Eis um teste revelador que irá medir o nível de ciúme de seu amor atual. É um teste rápido e fácil, mas você tem de preparar o ambiente: faça as perguntas quando vocês dois estiverem relaxados e felizes — sabe como é, sentados num banco de parque, esquentando uma pizza ou conversando ao telefone até tarde da noite – e marque a resposta dele. Faça-o prometer que será totalmente sincero e certifique-se de estar aplicando o teste numa época em que ele não tiver como sentir ciúmes de nada nem de ninguém.

O teste do ciúme

1. Uma noite, num salão de bilhar, você vê uma linda moça. Vocês dois estão brincando e "paquerando". Ela ganha de você e seu próximo adversário é seu melhor amigo. Eles se conhecem e acabam indo embora juntos. Como você se sente?

    a. Fica desapontado, mas conclui que a atração entre eles foi maior.

    b. Fica magoado e se perguntando por que ele foi o felizardo.

    c. Fica zangado e sente-se traído por seu melhor amigo.

2. A garota de seus sonhos conseguiu um papel de destaque numa peça amadora – graças, em parte, ao seu apoio e estímulo. Você vai ao teatro no dia da estréia. É aí que descobre que ela está fazendo o papel de uma ninfomaníaca, que passa a maior parte do tempo seminua no palco, seduzindo vários homens. Após o espetáculo, você mal pode olhar nos olhos dela porque:

    a. Você pensou que a tinha ajudado a arrumar um papel que a faria atuar, mas não com o corpo.

b. Ela não o avisou que ia aparecer seminua e atuar em cenas de sexo explícito. Foi constrangedor. E se você tivesse levado sua mãe?

c. Ela o humilhou e rebaixou a si própria simulando sexo com um bando de homens na frente de um monte de gente desconhecida. Podia muito bem ser uma stripper.

3. Durante uma conversa longa e íntima com sua nova namorada, você fica sabendo que o ex dela era jogador de um dos principais times de futebol do país. Essa informação o atinge como um raio, e você:

a. Fica entusiasmado e começa a pressioná-la para contar detalhes sobre os jogadores e seu estilo de vida.

b. Não diz nada, mas se pergunta como pôde ser escolhido para substituí-lo.

c. Sente-se ameaçado e começa a falar mal do time do ex-namorado dela.

4. Seu irmão mais novo anuncia o noivado com uma mulher maravilhosa por quem você e sua família são apaixonados. Você ainda é solteiro. O que pensa?

a. "Que bom para ele. Espero que um dia eu encontre uma garota tão incrível assim".

b. "Antes ele do que eu. Vou aproveitar o máximo minha vidinha de solteiro".

c. "Aposto que arrumo alguém melhor até o casamento dele".

5. O ex-namorado de sua garota convida vocês dois a se juntarem a um grupo, na casa de praia dele, para passarem o fim de semana velejando. Como você responde ao convite?

a. Claro que sim, porque você tem certeza de que pode se dar muito bem com o ex dela.

b. Você fica nervoso, mas decide ir, para evitar que sua namorada vá sozinha. E torce para as coisas darem certo.

c. De jeito nenhum. Você não quer contato nenhum com o ex dela e a faz prometer que também não vai.

6. Faz anos que você trabalha como produtor independente de cinema e acaba de saber que um de seus antigos assistentes, a quem você protegeu e orientou cuidadosamente, ganhou um prêmio por seu primeiro filme no Festival de Cannes: um objetivo que você nunca conseguiu realizar. Como você se sente?

a. Fica orgulhoso por seu protegido ter alcançado o sucesso por seus méritos.

b. Sente pontadas de ciúme e se pergunta se não deveria ser mais agressivo na hora de promover seus filmes.

c. Você sabe que está sendo irracional, mas fica furioso por seu antigo pupilo ter seguido seus passos e ofuscado seu sucesso.

7. Você está no meio de uma acalorada discussão com um conhecido sobre computadores Macintosh e PCs. No meio da discussão, sua namorada, que não entende nada de computação, toma o

partido de seu opositor e começa a defender os PCs, clones da IBM. Você fica aborrecido porque:

a. Ela não tem experiência suficiente para fundamentar seus argumentos e, obviamente, está apenas repetindo algo que leu ou ouviu alguém falar.

b. Ela está discutindo com você, apesar de mal saber enviar e receber e-mails.

c. Ela escolheu ficar do lado do outro cara e formou uma aliança contra você.

8. É noite de sexta-feira e sua amada está se arrumando para uma eventual "baladinha só para mulheres". Ela aparece com uma roupa sexy e extremamente justa, que jamais usa quando sai com você. O que você diz?

a. "Você está muito gata. Mal posso esperar você chegar em casa para eu te desarrumar toda".

b. "Vou te deixar sair assim, mas, na próxima vez em que a gente sair juntos, vai ter de ir com essa roupa".

c. "Se está a fim de 'galinhar', vou cair fora. Se não, é melhor vestir alguma coisa menos vulgar."

Contagem de pontos

Respostas a = 1 ponto

Respostas b = 2 pontos

Respostas c = 3 pontos

8-12 pontos: ele não tem tendências para o ciúme. Será que é confiante demais ou é desligado? Merece um pé no traseiro ou óculos novos.

13-19 pontos: esse resultado equilibrado indica que ele é um cara normal, que sente ciúme na medida certa. Fica um pouco ansioso quando a mulher — ou os amigos — se exibe, mas dificilmente é opressivo ou irracional.

20-24 pontos: credo! O homem é um horror. Não é só ciumento, mas também possessivo, e esse comportamento não é o que você, ou qualquer outra mulher, deseja. Ele precisa tomar um "chazinho" de camomila, um banho com essência de baunilha, fazer terapia — qualquer coisa para relaxar.

O teste do Dalai Lama

A internet é como um imenso telefone, no qual as mensagens são traduzidas, redigitadas e alteradas enquanto traçam seu caminho pelo mundo.

Uma ilustração disso é o seguinte teste de personalidade. De acordo com fontes não oficiais da internet, ele é aprovado por ninguém menos do que o Dalai Lama, o líder espiritual e político do Tibet Budista. "A mente é como um pára-quedas", diz o desconhecido sábio do e-mail. "Funciona melhor quando está aberta."

Se esse teste do Dalai Lama possui profundas raízes espirituais ou não, a verdade é que é extremamente interessante e apresenta resultados surpreendentes. Faça você mesma uma questão de cada vez, depois com seu amigo favorito. Vai adquirir uma nova visão do interior de sua mente e coração.

1. Coloque os seguintes animais na ordem de sua preferência:

    Vaca   N° _____

    Tigre   N° _____

    Carneiro   N° _____

    Cavalo   N° _____

    Porco   N° _____

2. Escolha uma palavra para descrever cada item:

    Cachorro   _____

    Gato   _____

    Rato   _____

    Café   _____

    Mar   _____

3. Visualize cada uma das cores listadas abaixo e dê o nome de uma pessoa (que a conheça e seja importante para você) a quem você associe a cor.

    Amarelo   _____

Laranja   _____

Vermelho   _____

Branco   _____

Verde   _____

4. Escolha seu dia da semana favorito. Depois, selecione um número de 1 a 12 e escreva esse número ao lado do dia que escolheu.

Domingo   Nº _____

Segunda-feira   Nº _____

Terça-feira   Nº _____

Quarta-feira   Nº _____

Quinta-feira   Nº _____

Sexta-feira   Nº _____

Resultados

1. A ordem dessas respostas define suas prioridades na vida:

Vaca: representa a carreira

Tigre: representa o orgulho

Carneiro: representa o amor

Cavalo: representa a família

Porco: representa o dinheiro

2. Eis como interpretar suas descrições de uma só palavra:

Cachorro: descreve sua própria personalidade

Gato: descreve a personalidade de seu parceiro

Rato: descreve seus inimigos

Café: aplica-se à sua vida sexual

Mar: sugere o seu potencial

3. Essa questão expõe sua mente e revela o que você pensa dos outros em termos não verbais.

Amarelo: uma pessoa que a faz sentir pouco à vontade, ou alguém com quem está em conflito no momento

Laranja: um verdadeiro amigo

Vermelho: alguém que você ama profundamente

Branco: sua alma gêmea

Verde: uma pessoa da qual você se lembrará para sempre

4. O número que você selecionou representa um mês significativo no próximo ano de sua vida. Quando chegar esse mês, dê mais atenção ao dia da semana que escolheu. Se, por exemplo, seu número for 3 e seu dia for uma quarta-feira, então todas as quartas-feiras de março são dias especiais, pois seus sonhos poderão se tornar realidade.

Q.I. emocional

Seu namorado pode ser candidato a um Prêmio Nobel com um Q.I. 162, mas tanto cérebro não significa muito se ele não tiver inteligência emocional para sustentá-lo.

Há cerca de uma década, os testes de quociente de inteligência padrão (Q.I.) vêm sendo atacados por todos os lados. Uma arma particularmente devastadora tem sido o teste conhecido como Q.E. (quociente emocional) ou Q.I.E. (quociente de inteligência emocional), que mede a habilidade de uma pessoa de interagir eficientemente com outros seres humanos.

Um teste de inteligência emocional oficial e completo inclui mais ou menos setenta questões e pode levar quarenta minutos ou mais para ser feito. Aqui, apresentamos um Q.E. resumido, uma rápida avaliação no estilo verdadeiro (V) ou falso (F), que fornece uma breve análise das aflições do coração dele.

(V) (F) 1. Quando alguém sofre a perda de um ente querido, costumo ser solidário à dor alheia e ofereço minhas condolências, mesmo não sendo próximo a essa pessoa.

(V) (F) 2. Tenho facilidade em abraçar qualquer pessoa, seja homem, seja mulher.

(V) (F) 3. Sempre imagino o pior possível numa situação, e então batalho para evitar que aconteça.

(V) (F) 4. Mesmo quando dou o melhor de mim, sinto-me culpado quando as coisas não saem como eu gostaria.

(V) (F) 5. Quando tenho uma tarefa desagradável para fazer, procuro livrar-me dela o mais rápido possível.

(V) (F) 6. O estresse, de uma forma ou de outra, está sempre presente em minha vida.

(V) (F) 7. Não fico zangado quando sou verbalmente agredido.

(V) (F) 8. Para mim, é fácil elogiar as pessoas.

(V) (F) 9. É fácil para mim receber elogios.

(V) (F)10. Quando preciso confrontar alguém sobre um assunto desagradável, evito fazer isso pessoalmente. Prefiro telefonar ou escrever.

Contagem dos pontos

(1) V = 2, F = 1; (2) V = 2, F = 1; (3) V = 1, F = 2; (4) V = 1, F = 2; (5) V = 2, F = 1; (6) V = 1, F = 2; (7) V = 2, F = 2; (8) V = 2, F = 1; (9) V = 2, F = 2; (10) V = 1, F = 2.

Resultados

Um resultado de 18 a 20 pontos indica um alto nível de inteligência emocional, sendo que 20 pontos é o resultado ideal. O homem com um Q.E. alto tem sentimentos profundos e os expressa adequadamente, mas não se entrega a autopiedade ou a negativismos.

Um homem que fez de 15 a 17 pontos está no caminho certo, mas precisa trabalhar suas habilidades de comunicação. Ele pode ter boas intenções, mas não tem muita experiência ou precisa de orientação.

Um total de 12 a 14 pontos é sinal de imaturidade emocional ou de que ele está tendo uma crise de estresse. Ambas podem ser contornadas, mas não se trata de uma tarefa fácil.

O teste do controle emocional

As próximas doze questões podem auxiliá-la a separar os homens exageradamente sossegados dos estressados. O seu namorado é impulsivo e está sempre pronto para qualquer parada? Ele é flexível, mas sensato? Ou dirige a própria vida com a parcimônia do Tio Patinhas e a rigidez de uma madre superiora bem cruel?

Tudo o que ele tem a fazer é dizer "sim" ou "não".

(Sim) (Não) 1. Você contribui regularmente para um fundo de aposentadoria ou uma poupança?

(Sim) (Não) 2. A idéia de pedir dinheiro emprestado a parentes ou amigos soa humilhante para você?

(Sim) (Não) 3. Se ganhasse na loteria, investiria 70% ou mais de seus ganhos?

(Sim) (Não) 4. Você sempre tem idéia de quanto há na sua carteira, a qualquer hora?

(Sim) (Não) 5. Você faz as revisões previstas em seu carro?

(Sim) (Não) 6. Você separa suas roupas ou escolhe o que vai vestir na noite anterior?

(Sim) (Não) 7. Barulhos costumam perturbá-lo ou distraí-lo?

(Sim) (Não) 8. Gosta de ter uma mesa limpa ao final do dia?

(Sim) (Não) 9. Quando vai fazer uma compra grande, pesquisa as alternativas e compara preços antes de comprar?

(Sim) (Não) 10. Se uma compra não correspondeu às suas expectativas, você a devolve sem hesitação?

(Sim) (Não) 11. Quando não consegue encontrar algo em casa ou no escritório, pára com tudo até encontrar?

(Sim) (Não) 12. Começa a planejar suas férias com pelo menos quatro meses de antecedência?

Avaliação dos resultados

TRANQÜILO: se ele respondeu "sim" para cinco perguntas ou menos, isso significa que ele tem habilidade de adaptação e espontaneidade. Está apto a deixar a vida correr, mas deve se guardar contra a imprudência.

RESPONSÁVEL, MAS NÃO RÍGIDO: a pessoa que tem de cinco a oito respostas "sim" é provavelmente bem equilibrada e pode tomar conta dos negócios sem permitir que regras auto-impostas governem sua vida.

MÃO-DE-FERRO: mais do que oito respostas "sim" apontam uma criatura disciplinada, que não gosta de surpresas e usa sua rígida rotina como um escudo. Alerta! Controle seus nervos!

O teste da ex-namorada importante

E então, o que você sabe sobre os antigos relacionamentos de seu atual Romeu? Quanto deveria saber? Será que as velhas relações românticas dele podem iluminar o seu futuro? Você vai logo descobrir, mas tome nota: esse teste não é do tipo múltipla escolha, comumente encontrado em revistas. Mais do que isso, trata-se de uma série de perguntas esclarecedoras quanto à antiga vida amorosa dele, e ajudará você a interpretar suas respostas.

O objetivo desse teste é dar a você uma idéia do panorama emocional de seu companheiro em potencial, baseando-se nas percepções dele do passado. A chave para a interpretação não está nos detalhes sórdidos das respostas dele, mas sim na maneira como ele lida com as perguntas. Ele é gentil e decente quando descreve sua ex e o relacionamento deles? Ele protege a privacidade dela? Ele fala dela de um jeito que não ameaça você ou a faz se sentir inferior? Essas são as qualidades do cavalheiro que você está procurando. Obviamente, você também quer ter certeza de que ele não é um candidato a psicopata, que passa a vida costurando uma série de relacionamentos.

Esse teste só deve ser realizado numa atmosfera de total confiança. Por favor, não leia as perguntas em voz alta, diretamente da página. Em vez disso, faça as perguntas com naturalidade, durante uma conversa amorosa e franca. Note que não há respostas certas ou erradas; apenas respostas honestas, que, mais tarde, podem ser esmiuçadas e analisadas por você, na privacidade de seu lar.

Aviso: perguntas diretas sempre provocam respostas diretas. Nesse caso, provavelmente, as respostas dele poderão deixá-la magoada ou enciumada. Você está disposta a correr o risco? Nesse caso, siga em frente.

Antes de começar: certifique-se de que vocês dois estejam realmente falando da ex-namorada mais importante que ele teve.

1. Por quanto tempo vocês ficaram juntos?

a. Por pouco tempo (de um a seis meses): a menos que o rapaz que você está (secretamente) entrevistando seja muito jovem, digamos, tenha menos de 22 anos, esse tempo é suspeito ou curto demais para ter sido gasto com a ex mais importante. Não se esqueça de dar um jeito de perguntar quantos relacionamentos ele teve e quanto tempo eles duraram. Pode ser que você esteja lidando com um cara superficial, interessado apenas na lua-de-mel dos relacionamentos amorosos.

b. Por muito tempo (três anos ou mais): quanto mais longa a relação, mais difícil é se recuperar dela, diz a sabedoria popular. Certifique-se de que já passou um bom tempo desde o fim desse longo envolvimento: seis meses, pelo menos. De outro modo, suas atitudes serão julgadas de acordo com as da ex. Pior que isso, você poderá se tornar "carta fora do baralho" se houver uma reconciliação.

c. Por algum tempo (mais do que seis meses e menos do que três anos): Relacionamentos de médio prazo são geralmente um bom sinal, pois indicam que o rapaz em questão pode se comprometer, mas não se deixa prender por situações que não são ideais. Se a duração da relação se aproxima de seis meses, veja a descrição por pouco tempo (acima); caso se aproxime de três anos, leia o panorama por muito tempo.

2. Como ela era fisicamente?

a. "Maravilhosa", "Tinha um corpão", "Era de parar o trânsito" etc.: não há mal nenhum em um homem ter um caso com uma coelhinha da *Playboy*. Mas qualquer um que dá tanto valor aos atributos físicos de sua ex provavelmente:

1) É completamente insensível.

2) Está se gabando, numa clara tentativa de minimizar sua baixa auto-estima.

3) É imaturo.

4) Todas as alternativas anteriores.

Pode-se perdoar esse tipo de resposta somente se ele der prosseguimento à conversa com desculpas como:

1) "Ela achava que era o centro do universo."
2) "A vida dela girava em torno do corpo."
3) "Acho você muito mais atraente do que ela."
4) Todas as alternativas anteriores.

b. "Tinha 1,66 metro, era ruiva, tinha olhos azuis, 56 quilos...": quando um homem fala de sua ex como se estivesse dando uma descrição para a polícia, pode ser que seja um detalhista incorrigível, que interpretou sua pergunta literalmente. Entretanto, se o inventário incluir detalhes como "pele macia, uma covinha do lado esquerdo do quadril, cílios longos e negros etc.", é bem possível que ele ainda esteja pensando nela de uma maneira não muito fraternal.

c. "Bonita", "Bonitinha", "Tinha lá seus encantos" etc.: ele a descreve de modo geral e os comentários são vagamente lisonjeiros; é a maneira como um cavalheiro descreveria sua ex-namorada. Ele não ofende, não insulta a ex e não entra em detalhes. Perfeito.

3. Por que vocês terminaram?

a. Porque ele quis: "Ela era muito exigente", "Ela nunca estava comigo", "Nosso relacionamento estava desgastado", "A fila anda" etc. É um homem forte que pode facilmente sair de uma relação que não está caminhando bem, não importando quanto ela esteja confortável ou tenha se tornado conveniente. Entretanto, você deve investigá-lo melhor. Será que ele não estaria, de fato, negligenciando a moça, ignorando-a ou até mesmo traindo a ex? É possível, e mais algumas perguntas delicadas podem proporcionar as respostas de que você precisa.

b. Circunstâncias fora do controle dele: "Ela conheceu outro cara", "Ela aceitou um trabalho no exterior e, com a distância, não deu certo", "Eu queria casar e ela não" etc. Romper em circunstâncias como essas pode significar que ele sofreu um trauma terrível. Ainda pode estar nutrindo sentimentos mal resolvidos em relação à ex, portanto fique alerta.

c. Insatisfação mútua: "Nós nos afastamos", "Queríamos coisas diferentes", "Simplesmente não combinávamos mais" etc. Essa é a maneira mais educada de se descrever o fim de uma relação: nenhuma culpa, nenhuma raiva, nenhum detalhe sórdido. Claro, sabemos que não há final feliz num relacionamento, mas um rompimento de comum acordo é o mais gentil e maduro de todos.

4. A separação foi dolorosa?

a. Não: "De forma alguma", "Não para mim" etc. Obviamente, essa é uma pergunta capciosa: na verdade, todos os rompimentos são dolorosos. O homem que mascara o fato pode muito bem estar negando um profundo sentimento de perda ou arrependimento. Ele se comportou mal na relação? Ele foi embora sem dar satisfação? Pulou de um relacionamento a outro sem dar a mínima para o anterior? A ex o magoou tanto que ele se fechou por completo? Ou ele realmente não a amava mais? Melhor investigar bem essas possibilidades.

b. Sim: "Foi terrível", "Fiquei acabado", "Levei anos para me recuperar" etc. Quando um homem admite ter sofrido um abalo emocional — mesmo que tenha respondido com um simples "sim" — pode apostar que foi muito doloroso para ele. E também pode ter certeza de que restou uma cicatriz. Você é quem deve intuir até que ponto ele está curado. Ele ainda está zangado e ferido? Ainda está ligado nela? Ou está pronto a se abrir para uma nova relação? O fato de ter admitido a própria dor é um bom sinal.

c. Acho que sim: "No começo foi difícil", "Foi, mas estou totalmente recuperado", "Parece que foi há muito tempo" etc. O cara que se lembra dos momentos de dor, mas os coloca no passado, é possivelmente o mais emocionalmente saudável de todos. Provavelmente passou por um processo completo de cura, trabalhou os próprios sentimentos e seu antigo relacionamento é mesmo coisa do passado.

5. Você ainda tem contato com ela?

a. De jeito nenhum: "Nunca", "Nem pensar", "Não falo com ela desde o dia em que a gente brigou" etc. Ou esse homem pulou fora da relação ou foi subitamente dispensado (sua ex-namorada saiu correndo dele). É normal ter o mínimo de comunicação depois de um rompimento. É normal encontrar uma ex de vez em quando e bater um papo. E é comum, depois de um tempo ou de alguma distância, nunca mais ver ou ouvir falar de uma ex. Mas um rompimento assim, súbito e definitivo, indica raiva, hostilidade e/ou culpa. A menos que a outra seja uma louca que o tenha atormentado e ficado no pé dele, melhor suspeitar de um homem que não consegue agir de maneira civilizada com um antigo amor.

b. Claro que sim: "Somos ótimos amigos", "Eu a vejo sempre", "Sou padrinho do filho dela" etc. Não há nada tecnicamente errado com um homem que permanece próximo da ex. Na verdade, isso pode até ser bom. Mas quanto essa proximidade não é prejudicial? Será que ele não consegue ou não está disposto a romper emocionalmente com a outra? Será que, realmente, você quer a ex dele na sombra de seu futuro relacionamento, atuando como testemunha de cada movimento de vocês? Isso pode acabar numa situação desagradável, na qual você será obrigada a pedir a ele que escolha entre vocês duas.

c. Mais ou menos: "A gente se cruza de vez em quando", "A gente troca cartões de Natal", "Encontro com ela no supermercado" etc. Uma certa distância da ex proporciona conforto ao novo namoro, e demonstra que o rapaz sabe lidar de maneira educada e madura com seus antigos casos. É admirável quando um homem consegue manter seu passado amoroso distante de sua relação atual, permanecer livre de ressentimentos e se comportar adequadamente, mesmo quando surgem situações constrangedoras.

Resultados

A maioria de respostas "a", provavelmente, revela um homem que não está muito seguro emocionalmente. Suas atitudes falam mais alto do que suas palavras; ele pode não ser muito bom em se comunicar e faz o tipo "forte e silencioso", ou pode ter a "fala mansa", ser o famoso galanteador, e só dizer a coisa certa para conseguir o que quer. De qualquer modo, provavelmente é alguém que evita intimidade emocional. Mesmo que não seja politicamente correto, está dando uma de "certinho" agora. Estude bem o terreno antes dar o próximo passo.

Uma maioria de respostas "b" indica que o cara está plenamente ciente das próprias emoções, mas carrega uma bagagem emocional muito pesada. Embora, provavelmente, não tenha nenhum problema com relação à intimidade, pode ter verdadeiro pavor de comprometimento, graças à sua dolorosa experiência anterior. Se escolher esse homem, lembre-se de que ele se sente seguro com amizades, porém o mesmo não acontece com o amor. Dê um passo de cada vez e esteja preparada para um namoro longo, lento e delicado.

Quanto mais respostas "c", melhores as perspectivas. Essas respostas apontam um homem que se sente seguro na própria pele e assume a responsabilidade por seus atos. Emocionalmente maduro, está apto a dar e receber na mesma medida e tem a capacidade de ser sensível, flexível e respeitoso, sem "virar capacho". E, o melhor de tudo, é cavalheiro nas palavras e nas atitudes.

Você é do tipo confiante?

Algumas pessoas são confiantes por natureza e botam fé no destino, no bom carma e na decência natural da espécie humana. Do outro lado da moeda estão os cautelosos, que sempre estudam o terreno antes de dar um passo. Seu instinto lhes ordena que façam investigações, explorem alternativas e possibilidades e se armem contra as piores hipóteses.

No terreno dos relacionamentos, a confiança é um contrato mudo entre dois indivíduos, e esse laço sagrado é essencial para o bem-estar de ambas as partes. Entretanto, algumas pessoas confiam mais que as outras. É sobre isso que fala este teste.

Arranje um tempinho com seu amado — num jantar, na praia, depois de um café-da-manhã de domingo — e façam juntos esse teste. São apenas oito perguntas às quais vocês deverão responder "sim" ou "não" e, com isso, irão verificar quem dos dois confia mais no relacionamento. E saberão que uma maior compreensão dos instintos básicos do casal poderá ajudar a estreitar o laço desse novo namoro.

(Sim) (Não) 1. Seu(sua) namorado(a) de dois meses está fazendo umas comprinhas para você. Você entrega a ele(a) seu cartão de crédito e permite que ele(a) assine a fatura?

(Sim) (Não) 2. Você sempre paga as contas de restaurante sem conferi-las?

(Sim) (Não) 3. Consideraria a hipótese de trocar de casa com um casal estrangeiro que não conhece, ficando na casa deles por duas semanas enquanto eles ficam na sua?

(Sim) (Não) 4. Uma(um) antiga(o) ex de seu(sua) namorado(a) o(a) convida para ir à festa anual dos ex-alunos do colégio. Você deixa?

(Sim) (Não) 5. O piso de seu quarto está sendo trocado. Você permite que os instaladores façam o serviço enquanto está fora?

(Sim) (Não) 6. Um amigo pede seu carro emprestado e promete que vai devolvê-lo até as 6 horas da tarde. Você precisa do carro no máximo até as 6h30, ou vai perder seu vôo. Então, arrisca-se e empresta o carro a ele?

(Sim) (Não) 7. Você possui o hábito de fazer compras pela internet?

(Sim) (Não) 8. Enquanto está separando as roupas para pôr na secadora, você encontra um guardanapo no bolso da jaqueta do(a) seu(sua) amado(a). Nele, há um número de telefone com as palavras "Ligue pra mim!". Você joga o papel no lixo e esquece o assunto?

Resultados

Você adivinhou: quanto mais respostas "sim", mais confiante você é. Entretanto, a linha entre a confiança e a negligência é muito tênue.

Pessoas que têm sete ou oito respostas "sim" podem se sentir livres de inquietações e os desconfiados vêem esse tipo de comportamento como descuido, cheio de riscos desnecessários. Essa pessoa mais confiante deveria evitar se envolver com tipos extremamente cautelosos.

Se cinco ou seis de suas respostas forem "sim", significa que você tem os pés no chão, mas ainda tem fé na natureza humana. É um bom equilíbrio. É uma pessoa confiante, que controla a realidade de modo saudável e facilmente capta e mantém a confiança de, praticamente, todos os outros tipos.

Quatro ou cinco respostas "não" indicam uma pessoa que age com cautela, mas está disposta a se arriscar na boa-fé de vez em quando. Esse tipo se dá bem com almas mais confiantes e pode emprestar a voz da razão sem esmagar o outro.

Se você disse "não" a seis ou mais perguntas, seu termômetro da confiança registra uma marca entre uma confiança razoável (seis a sete) e muita desconfiança (oito). Toma decisões com a cabeça, não com o coração, e faz o máximo para evitar desastres, falhas e iminentes dores de cotovelo. Encontre seu (sua) melhor parceiro(a) entre os tipos confiantes, que reconhecerão sua abordagem de vida como sendo inteligente, em vez de cínica.

"Eu, nunca!"

Atenção: essa brincadeira pode parecer chocante ou esquisita, porém pode ser amplamente reveladora. É melhor jogar num grupo de quatro a oito pessoas que se gostem e confiem umas nas outras, mas não devem se conhecer totalmente e, principalmente, a vida amorosa dessas pessoas deve estar em perfeitas condições.

Se quiser arrancar segredos e confissões do cara de quem você está a fim, esse é o jogo. Em cada rodada, ele será obrigado a revelar segredos do fundo do baú, desenterrar verdades sobre si mesmo e dizê-las em voz alta. Que maravilha, não é mesmo?

As regras são simples. Um por um, os jogadores se alternam, dizendo algo que nunca fizeram. Se todos os outros já fizeram aquilo, o jogador ganha um ponto e fala outra vez. Se um ou mais jogadores também nunca fizeram aquilo, o jogador não ganha nenhum ponto e o jogo prossegue com outra pessoa.

Exemplo: vamos supor que Bárbara comece e conte ao grupo que nunca teve uma cárie. Se Estevão revela que também nunca teve, Bárbara não marca nenhum ponto. Se, ao contrário, todos no grupo afirmarem que já tiveram cárie, ela ganha um ponto.

A primeira pessoa a fazer cinco pontos ganha o jogo.

Parece simples, mas, conforme o jogo progride, as confissões se tornam mais íntimas e estarrecedoras. Um caso real: durante um jogo desses, um ator famoso declarou que nunca concluiu o ensino médio. Todos ficaram chocados, e depois duplamente chocados quando um outro jogador, dono de um próspero negócio, admitiu que também não tinha diploma de ensino médio. Então, o valente ator não recebeu sequer um pontinho por sua dolorosa confissão.

Para começar, aqui estão algumas sugestões interessantes para a reveladora brincadeira. Talvez você, seus amigos ou seu atual affair nunca tenham: comido marisco... Quebrado um osso... Namorado alguém de outra raça ou religião... Entrado num clube de *striptease*... Feito uma cirurgia... Traído alguém... Ido pescar... Fumado um cigarro... Passado a noite com alguém... Esquiado... Tido um gato... Ido a um jogo de futebol... Saído sem a roupa de baixo... Comido "de palitinho"... Visto um cadáver... Saído para um encontro às cegas... Assistido a *O Poderoso Chefão*... Viajado para fora do país... Se apaixonado.

Divirta-se e descubra os mais estranhos e íntimos segredos de seu amor!

Capítulo Três

ELE COMBINA COMIGO? DESCUBRA SEU FATOR DE COMPATIBILIDADE

Você o examinou em seu microscópio pessoal, tirou raios X emotivos dele e fez ardentes imagens de ressonância magnética. Agora é o momento de descobrir se o homem que você quer realmente é o homem de quem precisa.

Será que vocês dois irão se dar bem a longo prazo? Essa é uma questão importante, que há muito tempo tem sido levantada pelos casais. Certos sistemas antigos — especialmente os baseados em astrologia — alegam que a compatibilidade é determinada pela data de nascimento. Alguns sistemas modernos, por outro lado, afirmam que o sucesso no casamento baseia-se em traços da personalidade.

Neste capítulo, você irá descobrir se esse novo relacionamento pode ter sucesso duradouro.

Seu casamenteiro astrológico

A boa e velha astrologia vem nos auxiliando há uma eternidade e nunca envelhece. Ganha novos ares toda manhã, nos jornais diários e em homepages pessoais. Lemos nosso horóscopo com ansiedade nas páginas das revistas e ouvimos com atenção mensagens gravadas que têm sempre algo a dizer sobre nosso futuro imediato.

Você sabia que a astrologia já foi considerada uma ciência séria? Isso ocorreu antes do alvorecer do século XVI, quando Copérnico chegou à conclusão de que a Terra não ocupa uma posição fixa no espaço. Desde essa época, o zodíaco tem sido mais sobre a natureza humana e menos sobre os corpos celestes. E nós adotamos seus ensinamentos e previsões. Todo mundo quer ser uma criança do universo, agora e sempre.

Você já deve saber o básico sobre o seu signo, certo? Ótimo. Vamos pular a análise detalhada e ir diretamente para a parte relacionada ao homem.

Sua missão:

    1. Localizar seu signo astrológico.

    2. Ler o texto correspondente.

3. Descobrir em que local no zodíaco você pode encontrar o amor de sua vida.

4. Conquistá-lo.

5. Agradecer às estrelas.

Áries
(de 21 de março a 19 de abril)

Com toda certeza, você é ardente e impulsiva, mas pode se ver num relacionamento cheio de desejo com um geminiano, que adora falar e dominar (sexualmente); um leonino, cuja personalidade vigorosa complementa a sua; um escorpiano, contanto que você não o deixe ciumento; um sagitariano, que a divirta e desafie sua mente; um capricorniano, que é tão honesto e trabalhador quanto você; um aquariano, cujo estilo sonhador é contrabalançado pela sua atitude de assumir o controle; ou um pisciano, que não se incomoda em ser dominado.

Touro
(de 20 de abril a 20 de maio)

Escolhendo o par perfeito? Comece por restringir sua busca ao signo de câncer, em que você pode encontrar um caranguejo (símbolo desse signo) que ama o seu poder taurino; ou então virgem, no qual um certo alguém deve estar esperando para ser deflorado por você; ou capricórnio, em que encontrará candidatos que adoram seu secreto vigor sexual; e, finalmente, com piscianos, você poderá encontrar alguém que goste (e precise) de sua abordagem de vida bastante racional.

Gêmeos
(de 21 de maio a 21 de junho)

Gêmeos é uma mistura de contradições, mas não significa dificuldade em encontrar seu bom homem. Você vai à loucura com o homem de áries, formando um par de muita conversa e muita ação. Com o signo de leão, um pouco de concessão renderá bons frutos; com libra (a balança), encontrará paz na sala e diversão na cama. O homem de aquário é sua melhor perspectiva, oferecendo estímulos que vão do intelectual ao erótico.

Câncer
(de 22 de junho a 22 de julho)

Esqueça a defesa e parta logo para o ataque. Seus alvos preferidos são os homens nascidos sob os signos de touro, que podem oferecer um longo romance; leão, que são sexys e inteiramente leais; virgem, que gostam de agradar-lhe; escorpião, que despertam sua energia de uma maneira excelente; e peixes, com quem pode simplesmente encontrar a confiança duradoura e o verdadeiro amor.

Leão
(de 23 de julho a 22 de agosto)

Se você é capaz de compartilhar o palco, se divertirá bastante com os atraentes arianos. Poderá aventurar-se com um geminiano, desde que ele consiga moderar a tendência de sair galinhando por aí. Poderá também encontrar a felicidade com um homem de libra, se vocês dois conseguirem controlar seus gastos; ou então fazer um dueto apaixonado com um sagitariano, mas precisará sempre enchê-lo de atenção. Leoninos e cancerianos também poderão levá-la à loucura.

Virgem
(de 23 de agosto a 22 de setembro)

Se você é como a maioria dos virginianos, acredita que amor e sexo são igualmente sagrados. Como tal, sua conexão celeste é com um homem de touro, que sabe o que fazer com você. Mas não despreze os librianos, capazes de se doar de corpo e alma; os escorpianos, que carregam a chave da excitação e da alegria; e os capricornianos, cuja timidez inicial abre espaço a toda a intensidade que você é capaz de controlar.

Libra
(de 23 de setembro a 23 de outubro)

Os sábios dizem que um geminiano pode fazê-la sentir-se nas nuvens, pois ele aprecia a beleza e o prazer quase tanto quanto você. Leoninos encherão você de amor, afeto e presentes; sagitarianos farão você se divertir e saciarão sua sede de aventura; e os aquarianos são possivelmente sua melhor parceria, pois um homem nascido sob esse signo pode ser tanto um amante quanto um amigo, proporcionando um encontro mágico da mente com o corpo.

Escorpião
(de 24 de outubro a 21 de novembro)

Como o signo mais enérgico do zodíaco, você corre sempre o risco de ter relações sexuais puramente físicas. Homens de câncer podem proporcionar uma interação mútua no relacionamento; capricornianos podem dar estabilidade e equilíbrio para a vida do escorpiano; e os piscianos têm todas as qualidades para criar laços emocionais fortes. Sua melhor chance de amor duradouro é com um virginiano, que usará todo o seu poder para mantê-la feliz e fascinada.

Sagitário
(de 22 de novembro a 21 de dezembro)

Você é uma criança selvagem indecisa entre o desejo de amor permanente e a necessidade de aventura. Não tema: um romance satisfatório pode ser encontrado com um malicioso ariano, um relaxado libriano ou um criativo aquariano. Mas não é só isso:

para relacionamentos de longo prazo sem momentos de tédio, a combinação de sagitário com leão é imbatível.

Capricórnio
(de 22 de dezembro a 19 de janeiro)

Façanhas e galanteios são importantes para você, garota de capricórnio. Então vai ficar feliz em saber que, quando se encontra com um taurino, há amor e dinheiro chegando. Virgem oferece boa química e estabilidade; escorpianos trazem intimidade e excitação ao relacionamento, enquanto o parceiro pisciano proporciona bastante afeição, ao mesmo tempo em que ajuda a realizar seus sonhos.

Aquário
(de 20 de janeiro a 18 de fevereiro)

Mensageira da água, cria as próprias regras ao longo do caminho, o que pode ser difícil de aceitar para alguns signos. Seus melhores parceiros amorosos são os geminianos, com quem você poderá se divertir muito nos níveis social, romântico e físico; os librianos, que são flexíveis e aceitam o seu jeito de ser; os sagitarianos, que compartilham o interesse por viagens e filosofia; arianos, pois os opostos se atraem (por assim dizer); e outros aquarianos, que compreendem sua necessidade de ser livre e não são propensos ao ciúme.

Peixes
(de 19 de fevereiro a 20 de março)

Câncer, o caranguejo, é um ótimo parceiro para a pisciana, pois vocês dois adoram ficar em casa e consideram a companhia um do outro irresistível. Outros candidatos favorecidos pelo zodíaco incluem o ariano (se ele controlar seu temperamento), o taurino (se ele se soltar um pouco) e o capricorniano (se ele não permitir que seu lado negro aflore); sua escolha mais promissora, porém, é o homem de escorpião, cujo signo é a parceria ideal para peixes e não exige nenhum ajuste ou concessão especial.

Astrologia chinesa

Que animal se esconde no coração de seu amado? Os astrólogos chineses podem lhe dar a resposta e explicar seu significado. Basta você localizar o ano de nascimento dele na tabela abaixo e ler os resultados reveladores. Se o ano em questão não estiver na lista abaixo, simplesmente some ou subtraia 12 ao ano para relacioná-lo ao animal correto.

Rato: 1924, 1936, 1948, 1960, 1972, 1984, 1996
Boi: 1925, 1937, 1949, 1961, 1973, 1985, 1997
Tigre: 1926, 1938, 1950, 1962, 1974, 1986, 1998
Coelho: 1927, 1939, 1951, 1963, 1975, 1987, 1999
Dragão: 1928, 1940, 1952, 1964, 1976, 1988, 2000
Serpente: 1929, 1941, 1953, 1965, 1977, 1989
Cavalo: 1930, 1942, 1954, 1966, 1978, 1990
Carneiro: 1931, 1943, 1955, 1967, 1979, 1991
Macaco: 1932, 1944, 1956, 1968, 1980, 1992
Galo: 1921, 1933, 1945, 1957, 1969, 1981, 1993
Cão: 1922, 1934, 1946, 1958, 1970, 1982, 1994
Javali: 1923, 1935, 1947, 1959, 1971, 1983, 1995

Se ele for um rato...

Ele é maliciosamente charmoso, além de ser agressivo, inteligente, falante, esperto, honesto e organizado. Suas cinco melhores parcerias são dragão, macaco, boi, rato e javali.

Se ele for um boi...

É um homem esforçado, trabalhador. Num nível mais íntimo, é observador, paciente, carinhoso e leal. As melhores parcerias para o boi são rato, galo, serpente, macaco e coelho.

Se ele for um tigre...

Ele é um líder nato, confiante, independente e destemido, porém pode ser também calmo e sensível. O amor de sua vida é provavelmente um cão, cavalo, macaco, javali ou dragão.

Se ele for um coelho...

Ele é artístico, fino, delicado, doce, carinhoso, diplomático, prudente, honesto e feliz. Tem mais chances de compatibilidade com javali, dragão, carneiro, cão e macaco.

Se ele for um dragão...

Ele é um líder enérgico, provavelmente idealista, profissional, agressivo e dinâmico, além de generoso e inteligente. Rato, javali, coelho, macaco e tigre são os signos com quem ele tem mais afinidade.

Se ele for uma serpente...

Ele é sábio, intuitivo, elegante, reflexivo, inteligente, romântico e propenso à quietude. Ao procurar amor, deve escolher entre galo, boi, cavalo, carneiro e cão.

Se ele for um cavalo...

Ele é esperto, sexy, enérgico, empreendedor e orgulhoso, além de leal, tolerante e alegre. Os cavalos devem buscar contato com cão, tigre, carneiro, serpente e javali.

Se ele for um carneiro...

Ele é gentil, de bom coração, compassivo, adaptável, pacífico, criativo e, o melhor de tudo, sortudo. Suas melhores parcerias românticas são javali, coelho, cavalo, dragão e macaco.

Se ele for um macaco...

Ele é ativo, divertido, astuto, observador, analítico, leal e apaixonado. Encontrará a parceria perfeita entre ratos, macacos, dragões, tigres e javalis.

Se ele for um galo...

Ele é alegre, criativo, sociável, multitalentoso, corajoso, sincero e direto, com muita resistência. As parcerias mais prováveis de sucesso para esse signo são serpente, boi, javali, macaco ou talvez dragão.

Se ele for um cão...

Ele é honesto, fiel, confiável, tolerante, despretensioso, trabalhador, prestativo e inteligente. Para os melhores resultados românticos, ele deve farejar cavalos, tigres, javalis, coelhos e ratos.

Se ele for um javali...

Ele é gentil, animado, galante, impulsivo, corajoso, generoso, atencioso, sincero e talvez até intelectual. O amor de sua vida é provavelmente um carneiro, dragão, javali, coelho ou rato.

Encontre o otimista

Uma das mais importantes qualidades para se buscar num possível parceiro é a alegria. Esse é um traço subestimado da personalidade, que parece não encontrar espaço nos testes de compatibilidade das revistas femininas, mas alegria e otimismo são cruciais nos relacionamentos. Poucas coisas são mais deprimentes do que se relacionar com um homem que só vê falhas, defeitos, erros e desastres em potencial. Já é bastante desagradável os pessimistas perderem o senso do encantamento (ou não se permitirem experimentar essa sensação); o pior é que, não importa quanto você os ame ou quanto eles a amem, você não será capaz de fazê-los felizes. Mais precisamente falando, não irá torná-los alegres. A melancolia irá predominar. Claro, você poderá atravessar a nuvenzinha negra de vez em quando, mas esses momentos não durarão. Os verdadeiros pessimistas não acreditam na alegria e tratam-na como um favor do destino — um sorvete numa noite de verão, um carro de luxo lavado antes de um casamento. Depois tudo volta à terra firme, esse local seguro e tedioso no qual a frustração não tem chance.

Graças a Deus que existem os otimistas, que mantêm seus braços bem abertos e dispostos a aceitar qualquer coisa milagrosa que o universo possa lhes oferecer. Alegria é o que eles desejam: ainda que estejam chateados ou mesmo arruinados, acabam recuperando um estado de espírito esperançoso e positivo. Cantam no trânsito, transformam experiências negativas em piadas hilárias, são bons para fazer discursos encorajadores e, em 90% das vezes, estão emocionalmente disponíveis.

E então? O que ele será? Faça a ele as seguintes perguntas (com resposta "Sim" ou "Não") e esclareça um pouco a questão.

(Sim) (Não) 1. Você gosta de comemorar aniversários em marcos importantes — 20, 30, 40 anos etc.?

(Sim) (Não) 2. Às vezes você gasta um dinheiro de que não dispõe para participar de uma experiência ou de um evento maravilhoso?

(Sim) (Não) 3. Você já fez uma viagem sem planejar onde ficar?

(Sim) (Não) 4. Você gosta de apostar ou entrar em jogos de azar?

(Sim) (Não) 5. Desastres de proporções menores — falta de luz temporária, avalanches na seção de frutas do supermercado, um morcego voando na sala — são excitantes e divertidos para você?

(Sim) (Não) 6. Se você estiver tendo uma noite excelente, ficará acordado além de seu horário habitual para aproveitar mais, mesmo que com isso fique exausto no dia seguinte?

(Sim) (Não) 7. Você considera difícil abandonar maus relacionamentos, empregos ruins, amigos mesquinhos etc. a menos que haja um substituto bem encaminhado?

(Sim) (Não) 8. Você se esforça para se dar bem com as pessoas?

(Sim) (Não) 9. Quando o tanque de gasolina está quase vazio, você prefere pensar que está um oitavo cheio?

(Sim) (Não) 10. Você inventa maneiras de tornar as tarefas chatas mais interessantes?

(Sim) (Não) 11. Fazer pequenas coisas (comprar um belo par de sapatos, acordar ao lado da pessoa amada, ler um bom livro, dançar ao som de uma deliciosa música) faz você sentir-se intensamente feliz?

(Sim) (Não) 12. Você acredita que acabará conseguindo o que deseja?

Avaliação das respostas

· Se ele disse "Sim" a nove ou mais perguntas, é um verdadeiro otimista. Esperamos que ele espalhe sua alegria sem comprometer o bom senso e as habilidades básicas de sobrevivência.

· O homem de cinco a oito respostas "Sim" tem uma atitude positiva, mas não acredita que tudo seja sempre um mar de rosas. Ele pode ter uma estratégia do tipo "espere o melhor, prepare-se para o pior".

· Quatro respostas "Sim": a negatividade o espreita.

· Três respostas "Sim": o pessimismo toma vulto.

· Duas respostas "Sim": as nuvens negras se acumulam.

· Uma resposta "Sim": a alegria morre sufocada.

· Nenhuma resposta "Sim": no espaço, seria algo como o buraco negro; na terra, ele é chamado de superpessimista. A não ser que você seja uma gótica da pesada, esse cara não é para você.

Ordem de nascimento e como lidar com ela

Os psicólogos estudam, entre outras coisas, as dinâmicas familiares e fazem observações perspicazes a respeito delas de uma distância segura. Essa observação científica aponta, entre outros resultados, para um pequeno sistema que indica certos traços de personalidade e comportamento como característicos dos primogênitos (os filhos mais velhos), filhos do meio, caçulas e filhos únicos. Esse sistema também produziu o próprio filho bastardo: as relações de ordem de nascimento, que prevê a compatibilidade das pessoas, baseando-se em suas respectivas ordens de nascimento.

A partir do momento em que você descobrir os detalhes da família de seu futuro marido, o resto será fácil. Poderá até descobrir, afinal de contas, que ele não serve para ser o seu grande amor.

Entendendo as quatro ordens básicas de nascimento

Filhos únicos estabelecem metas para si mesmos e se esforçam constantemente para alcançá-las. A maioria tem uma relação bem próxima com os pais e não se incomoda em ser o centro das atenções, mas em geral não é muito sociável. Filhos únicos têm altos padrões de exigência para si mesmos e para os outros. Embora possam ter bons costumes, ser atenciosos e muito bem-educados, não perdoam facilmente aqueles que não correspondem às suas expectativas.

Primogênitos aprendem a ser responsáveis desde jovens. Com essa lição, ganham independência, autocomando e excelentes habilidades de sobrevivência. O respeito é muito importante para os primogênitos e eles se esforçam bastante para consegui-lo e mantê-lo. Embora leais e obstinadamente honestos, são também ambiciosos, tenazes e não querem nada — ou ninguém — em seu caminho.

Filhos do meio são mediadores natos. A maioria tem a cabeça aberta, é compreensiva e pode fazer quase todo mundo se sentir bem. Para serem prestativos e úteis, alguns podem se tornar excessivamente críticos. Os filhos do meio tendem a evitar ser o centro das atenções, preferindo trabalhar nos bastidores. Não sentem necessidade de ter atitudes ousadas ou de se auto-afirmarem publicamente, e esse comportamento pode ser interpretado por outros como fraqueza ou insegurança.

Caçulas buscam uma vida de aventura e agitação. Criativos, amantes divertidos, gostam de correr riscos; freqüentemente têm vida social complicada e carreira imprevisível. Como os membros mais jovens da família, as crianças caçulas correm o risco de se tornar adultos irresponsáveis, que tentam "se virar" apenas com seu charme.

Como essas pessoas se relacionam

Se você é uma filha única e o seu amor é...

- Um filho único: essa combinação pode dar certo se vocês dois estiverem dispostos a viver juntos em mundos separados e manter um calmo entendimento das necessidades de cada um, sem pressão ou drama.

· Um primogênito: ambos são independentes, pessoas que gostam de assumir o controle, mas é o primogênito que precisa ser o cachorro alfa. Você é capaz de se deixar levar por outra pessoa? Em caso positivo, vá em frente.

· Um filho do meio: esse casal tem uma chance satisfatoriamente alta de sucesso. O filho do meio pode ser um parceiro compreensivo e incentivador, desde que receba muita afeição e apreço de sua parte.

·Um caçula: alguém tem de bancar o adulto. Nesse caso, é você. Com um caçula ao seu lado, você nunca se entediará, mas pode ter de fazer coisas desagradáveis como manter um emprego e pagar as contas. Cuidado: o "papel de mãe" não é nada sexy e pode acabar com o romance.

Se você é uma primogênita e se interessa por...

· Um filho único: você é mandona, ele é egoísta. Disputas de poder estão praticamente garantidas, mas, com a combinação certa de amor e comunicação, dois teimosos podem formar um grande casal.

· Um primogênito: quando dois pitbulls são postos lado a lado, podem acabar com feridas sangrentas e dentes quebrados. Mas também podem acabar como melhores amigos ou dando à luz uma ninhada. Então é com vocês: o resultado será desastroso ou sensacional.

· Um filho do meio: vocês dois são naturalmente compatíveis, pelo menos em teoria. O sucesso depende da disposição de seu homem em ser paciente, amoroso e incentivador enquanto você estiver conquistando o mundo.

· Um caçula: você dá as cartas, ele as acata; você manda na casa, ele o é seu ursinho de pelúcia. É mais ou menos assim. Essa é uma combinação não muito convencional de uma mulher ambiciosa com um homem de espírito livre, mas pode se mostrar um estouro (no bom e no mau sentido) para vocês dois.

Se você é uma filha do meio e está sonhando com...

· Um filho único: talvez ele goze da afeição de sua família e dos seus amigos e ganhe alguns pontos no quesito dar e receber afeto. Se você escolher esse homem, prepare-se para conceder a ele muito tempo sozinho.

· Um primogênito: você provavelmente encontrará conforto em sua estabilidade e força, assim como ele apreciará sua mentalidade vencedora com relação a pessoas e problemas. Uma ótima parceria.

· Um filho do meio: o passivo encontra o passivo, há gentileza, conforto e compreensão, mas pouca ação. Essa união pode acabar resultando em estagnação ou até mesmo em co-dependência.

· Um caçula: como uma filha do meio, você só se sente segura num relacionamento completamente monogâmico. O caçula típico é extrovertido e sedutor, e esse comportamento galanteador irá, sem dúvida nenhuma, abalar sua confiança. Independentemente de ele ser fiel a você, ambos, provavelmente, farão um ao outro infeliz.

Se você é uma caçula e gosta de...

· Um filho único: abra espaço para o paizão. Essa parceria pode ser saudável e feliz, desde que o seu parceiro filho único desfrute, aprecie e satisfaça você ao mesmo tempo em que estabeleça limites que preservem sua sanidade.

· Um primogênito: você já viu esse filme — garotas de alto-astral encontram homens mais velhos e rígidos, que derretem seu coração. Lembre-se de *Uma Linda Mulher* (*Pretty Woman*), *My Fair Lady - Minha Bela Dama*, *Gigi*, *A Noviça Rebelde*... A lista é interminável. Se você é tentada a buscar um primogênito, lembre-se de que os homens nesses filmes eram ricos e poderosos. É só um conselho...

· Um filho do meio: essa união tem um potencial enorme e obtém sua força de uma combinação entre a praticidade, a flexibilidade e a confiabilidade dele e a sua ousadia.

· Um caçula: será uma cavalgada selvagem, mas será que vai durar? Não pense nisso neste momento. Mergulhe com tudo e desfrute a sensação de ser metade de uma dupla dinâmica. Nunca se sabe — pode sobreviver ao teste do tempo.

Desqualificado sob qualquer hipótese

Parceiros potenciais não podem ser desqualificados com base em sua profissão, classe social ou nível de renda.

No entanto, há algumas ocupações e escolhas de vida que desqualificam os homens para um futuro relacionamento. Bons exemplos são padre, traficante, prisioneiro, ermitão etc.

Abaixo, segue uma compilação de atributos indesejáveis.

O seu trabalho é ler toda a lista e checar de quais delitos o seu homem é culpado. Depois leia os resultados para saber se vale a pena investir nesse namoro.

- Ele já apareceu como convidado de um desses famosos programas de baixaria da televisão. (DG)

- Ele já apareceu na platéia de um desses famosos programas de baixaria da televisão. (DM)

- Ele perdeu a habilitação para dirigir nos últimos cinco anos. (DM)

- Ele já recebeu alguma intimação judicial. (DG)

- Ele tem mais de vinte e cinco anos e mora na casa dos pais. (DM)

- Ele mora a mais de uma hora de distância de sua casa. (DM)

- O trabalho dele exige que ele viaje para lugares distantes com uma certa freqüência ou avisos com pouca antecedência. (DM)

- Se embebedar ou se drogar é a forma preferida de diversão dele. (DG)

- Ele tem uma coleção de materiais pornográficos (revistas, vídeos, DVDs etc.). (DM)

- Ele tem uma coleção de materiais pornográficos extremamente pervertidos ou violentos. (DG)

- Ele é bissexual, e você não é. (DG)

- O apartamento dele é uma bagunça. (DM)

- Ele quase sempre se atrasa. (DM)

- Ele não consegue se manter num emprego por mais do que seis meses. (DM)

- Ele vive sem dinheiro. (DM)

- Ele tem filhos fora do casamento. (DM)

- Ele tem filhos fora do casamento e não paga a pensão. (DG)

- Ele é casado. (DG)

Resultados

Você viu as letrinhas ao final de cada pergunta? "DM" significa "delito menor". O seu cavalheiro pode ter até três delitos menores; mais do que isso, ele é considerado impróprio e inaceitável — um pretendente inelegível.

"DG" significa "delito grave". Se você marcou um delito grave, está lidando com um homem de caráter duvidoso. Ele pode até não ser totalmente mau, mas é certamente um péssimo candidato para o seu precioso amor e atenção. Qualquer marca em "DG" indica sofrimento e tempo desperdiçado.

Se ele é livre de culpa — ou tem, por exemplo, um ou dois delitos menores —, o homem em questão está pronto para a decolagem. Isso não quer dizer que ele seja perfeito, mas que não está maculado por grandes defeitos flagrantes.

Os tipos fundamentais

A disciplina oriental da leitura dos tipos fundamentais se baseia no ano de nascimento e avalia não apenas a personalidade de cada tipo, mas como os diversos tipos fundamentais se relacionam. A verdadeira arte da leitura dos tipos fundamentais envolve muitos aspectos complicados, incluindo a harmonia e/ou desarmonia dos anos yin e yang. Aqui nós simplificamos um pouco para facilitar a vida dos iniciantes.

Anos de nascimento e seus tipos fundamentais correspondentes

Madeira

1924-25	1964-65
1934-35	1974-75
1944-45	1984-85
1954-55	1994-95

Fogo

1926-27	1966-67
1936-37	1976-77
1946-47	1986-87
1956-57	1996-97

Terra

1928-29	1968-69
1938-39	1978-79
1948-49	1988-89
1958-59	1998-99

Metal

1930-31	1970-71
1940-41	1980-81
1950-51	1990-91
1960-61	2000-01

Água

1932-33	1972-73
1942-43	1982-83
1952-53	1992-93
1962-63	2002-03

O que os tipos significam

MADEIRA indica uma natureza generosa, autoconfiante, digna, harmoniosa e compassiva. Pessoas de tipo madeira são adaptáveis, independentes e enérgicas, porém têm a tendência de assumir mais coisas do que conseguem lidar e possuem um temperamento difícil de controlar. Precisam de movimento e liberdade em sua vida e são apaixonadas por crescimento, expansão, beleza e despertar.

O guia de compatibilidade da mulher do tipo madeira

Homem do tipo madeira = hostil

Homem do tipo fogo = sem conflito

Homem do tipo terra = altamente compatível

Homem do tipo metal = sem conflito

Homem do tipo água = harmonioso

FOGO é o signo de uma natureza calorosa, brilhante, intuitiva e decisiva. As pessoas do tipo fogo são inovadoras, aventureiras e criativas, porém sua natureza apaixonada pode levá-las à autodestruição. Embora possam ser negativas e ter a língua afiada, as pessoas do tipo fogo costumam ser alegres, excitantes, carismáticas, divertidas e mágicas.

O guia de compatibilidade da mulher do tipo fogo

Homem do tipo madeira = sem conflito

Homem do tipo fogo = sem conflito

Homem do tipo terra = harmonioso

Homem do tipo metal = não compreensivo

Homem do tipo água = hostil

TERRA indica uma natureza responsável, prática, honesta, disciplinada e trabalhadora. Às vezes as pessoas do tipo terra têm pouco senso de romance ou aventura, mas são equilibradas, estáveis e sólidas, com o talento de sustentar outras pessoas e manter uma vida pacífica.

O guia de compatibilidade da mulher do tipo terra

Homem do tipo madeira = hostil

Homem do tipo fogo = harmonioso

Homem do tipo terra = harmonioso

Homem do tipo metal = altamente compatível

Homem do tipo água = não-compreensivo

METAL indica uma natureza enérgica, ativa e ambiciosa. Pessoas do tipo metal são capazes de sustentar ações e esforços com uma persistência incansável, mas podem se tornar rígidas e inflexíveis até o ponto em que seja difícil para elas relaxarem. Tendem a ser tanto extrovertidas quanto independentes e são geralmente dignas de confiança.

O guia de compatibilidade da mulher do tipo metal

Homem do tipo madeira = sem conflito

Homem do tipo fogo = hostil

Homem do tipo terra = não compreensivo

Homem do tipo metal = hostil

Homem do tipo água = altamente compatível

ÁGUA é o signo de uma natureza receptiva, fluente, comunicativa, passiva, calma e flexível. As pessoas do tipo água podem ser persuasivas e sábias, mas também arbitrárias, se tornar exageradamente sensíveis com os outros e deixar de cuidar das próprias necessidades. Por ser o mais sensitivo dos tipos fundamentais, as pessoas do tipo água estão freqüentemente numa busca espiritual ou filosófica por conhecimento.

O guia de compatibilidade da mulher do tipo água

Homem do tipo madeira = harmonioso

Homem do tipo fogo = hostil

Homem do tipo terra = não compreensivo

Homem do tipo metal = altamente compatível

Homem do tipo água = sem conflito

Ele sabe usar bem o dinheiro?

Mesquinho é um termo baixo, você não acha? Quando aplicado aos homens, sugere um cara que se preocupa mais com suas finanças do que com sua vida amorosa. No entanto, cada ser humano tem visões diferentes sobre dinheiro – como ele deve ser ganho, gasto, poupado e investido. Para formar um relacionamento feliz e duradouro, é extremamente importante que o homem e a mulher tenham perfis financeiros compatíveis.

O ideal seria conseguir que seu homem responda às questões a seguir. Se não for possível, use seus melhores palpites para respondê-las. No final de tudo, você terá uma pasta cheia de informações sobre os investimentos pessoais dele.

O perfil financeiro dele

Marque ao lado de cada resposta "Sim".

1. Ele costuma gastar dinheiro em roupas, produtos para ficar elegante, tênis de corrida, mensalidades de academia e coisas assim?

2. Evita usar caixas eletrônicos que cobram pela operação?

3. Num encontro, insiste em pagar tudo, mesmo se o valor da conta for alto?

4. Sente-se vitorioso quando são cometidos erros a seu favor (o caixa acidentalmente lhe dá 20 reais a mais de troco, o cobrador do ônibus não tem trocado e ele acaba não pagando a passagem ou o seu novo apartamento tem uma ligação pirata de TV a cabo, por exemplo)?

5. É importante para ele ter equipamentos eletrônicos de última geração?

6. Num restaurante, faz seu pedido de acordo com o preço, não com o que realmente quer?

7. Quando um amigo querido ou parente está em grandes dificuldades financeiras, ele contribui com o que pode, sem restrições?

8. Em algum momento da vida, ele carregava na carteira a quantia de, aproximadamente, 200 reais com um plano específico de poupar, imaginando que seria difícil gastar esse dinheiro casualmente?

9. Quando alguém na rua pede um trocado, ele dá 1 real ou 2 reais sempre que possível?

10. Costuma reclamar do aumento do preço das rosas no Dia dos Namorados?

Resultados

Quatro ou mais respostas de número par indicam um homem com tendências econômicas. Ele pode não ser mesquinho, mas é cuidadoso com seu dinheiro e não gasta impulsivamente.

Quatro ou mais respostas de número ímpar revelam um homem mão-aberta. A generosidade dele é admirável; no entanto, ele pode ter uma atitude não-realista com relação ao dinheiro, e isso poderá levá-lo ao desastre financeiro.

O homem que tem um equilíbrio de respostas par e ímpar demonstra uma combinação ideal de cautela e compaixão. Ele não é nem avarento nem esbanjador, o que o torna o polivalente das personalidades financeiras.

O que o faz rir?

O senso de humor é uma verdadeira janela para a alma. São nos sorrisos que o cérebro e o corpo se juntam, e é um poder que está além do nosso controle. Podemos muito bem tentar conter um espirro. É claro, podemos tentar controlar nossas gargalhadas (o que pode ser uma boa idéia, principalmente numa igreja ou num evento, locais que pedem silêncio absoluto), mas não dá para disfarçar a cara torcida ou o movimento desdenhoso dos ombros. Além disso, quem deseja isso?

É ótimo quando você e seu amado têm senso de humor parecido. Vocês não apenas riem das mesmas coisas, como também são capazes de fazer o outro rir.

Os especialistas em personalidade dividem o senso de humor — e as coisas engraçadas que o acompanham — em quatro categorias básicas. Dentre as piadas a seguir, marque aquelas que lhe arrancarem uma gargalhada. Depois faça o mesmo teste com o cara que faz você rir e compare os resultados.

1. Tarde da noite, o padre passa perto de um cemitério e leva o maior susto quando escuta:

— Hum, hum, hum!

O padre pára, reza um pai-nosso, faz o sinal-da-cruz, enche-se de coragem e pergunta:

— Do que é que essa pobre alma está precisando?

— Papel higiênico!

2. A tia vira-se para Mariazinha e pergunta:

— O que você vai fazer quando for grandona como a titia?

— Um regime!

3. Um dia, a rosa encontrou a couve-flor e disse:

— Que petulância chamarem você de flor! Veja sua pele: é áspera e rude, enquanto a minha é lisa e sedosa... Veja seu cheiro: é desagradável e repulsivo, enquanto o meu perfume é sensual e envolvente... Veja seu corpo: é grosseiro e feio, enquanto o meu é delicado e elegante.. Eu, sim, sou uma flor!

E a couve-flor respondeu:

— Queridaaa! De que adianta ser tão linda, se "ninguém" come você, hã?

4. Dois frangos estavam voando. Então um deles disse:

— Peraí, frango não voa.

Um caiu no chão, mas o outro continuou voando. Por quê?

Porque era um frango à passarinho.

5. Como o Batman faz para abrir a bat-caverna?

Ele bat-palma!

6. Na cama, o marido pergunta à jovem esposa:

— Querida, diz-me que sou o primeiro homem da tua vida...

Ela olha para ele e reponde:

— És capaz de ser... A sua cara não me é estranha!

7. Um sujeito liga para a farmácia e pergunta:

— Seu Manuel, tem vitamina efervescente?

— Tem. Você quer de 1 ou 2 gramas?

— Mas qual é a diferença, seu Manuel?

— 1 grama, ora pois!

8. Samuel encontra seu velho amigo:

— E aí Zé, quanto tempo! Como vai, meu amigo?

— Vou muito mal!

— Por quê, o que aconteceu?

— Minha mãe morreu na semana passada.

— Puxa, meus sentimentos! Mas o que ela tinha?

— Infelizmente, quase nada. Uma casa, duas lojinhas no centro da cidade e um terreno no interior!

9. Num shopping lotado, um garoto desesperado por estar perdido vira-se para um dos seguranças e pergunta:

— Seu guarda, o senhor não viu uma mulher passar por aqui sem um garotinho como eu?

10. A rádia falou para o rádio:

— Vamos ter um radinho?

E o rádio respondeu:

— Não, eu sou estéreo.

11. Por que o espermatozóide não pára em casa?

Porque a casa dele é um saco, o pai está sempre duro e os vizinhos são uns pentelhos!

12. O gago aborda um homem na rua e diz:

— O se... senhor sa... sa... sabe, on... on... de fi... fi... ca a esco... cola de ga... ga... gagos?

— Mas para quê? O senhor já gagueja tão bem!

Avaliação das respostas

Se você gostou das piadas número 1, 7 ou 9, você tende para o lado satírico. Esse tipo de senso de humor pertence, em geral, a uma pessoa suficientemente sofisticada, que é bem informada e percebe os pontos fracos do comportamento humano.

Se as piadas número 2, 8 e 12 são as suas favoritas, então é o humor agressivo que faz a sua cabeça. Embora não seja aparentemente maldoso, esse tipo de piada faz observações negativas (alguns diriam realistas) e as envolve numa atmosfera neutra de risadas.

Se as piadas 3, 6 e 11 lhe agradaram mais, então você gosta de humor sexual. Provavelmente, você é uma pessoa extrovertida, que gosta de piadas em geral, mas que vibra especialmente com assuntos picantes ou tabus.

Já as piadas 4, 5 e 10 entram no campo do absurdo. Por acaso essas piadas arrancaram risadas de você? Então você é, provavelmente, uma pessoa literal, que aprecia um jogo de palavras inteligentes e prefere um humor que não seja chocante ou ofensivo.

Avaliação de compatibilidade

Seu melhor parceiro é aquele que ri das mesmas piadas que você. Se vocês dois compartilham do mesmo tipo de senso de humor, é um ótimo sinal. Não teve tanta sorte? Eis aqui outras combinações promissoras:

· Pessoas com senso de humor agressivo tendem a se dar bem com quem gosta de piadas de temática sexual.

· Se o seu gosto é satírico, você provavelmente se dará bem com quem gosta do humor absurdo, e vice-versa.

O horóscopo das árvores

Todos nós conhecemos pessoas de capricórnio, leão, gêmeos e outros signos do zodíaco. Mas você já ouviu falar do horóscopo das árvores? Esse ramo da astrologia ignora as estrelas e os planetas do céu para concentrar-se na flora terrestre. Esse sistema faz agrupamentos não convencionais de acordo com a data de nascimento, mas é bastante esclarecedor em sua maneira bem arraigada.

Qual é a árvore dele? Para descobrir a resposta, você só precisa saber o dia e o mês de seu nascimento.

Macieira
De 23 de dezembro a 1 de janeiro e de 25 de junho a 4 de julho

Esse indivíduo provavelmente tem uma constituição física leve e possui muito charme. Interessante e atraente, com uma aura agradável, o homem de macieira é galanteador, aventureiro, sensível e quer amar e ser amado. Embora seja um filósofo despreocupado, que vive para o momento, pode se mostrar um parceiro fiel, carinhoso e generoso.

Abeto
De 2 a 11 de janeiro e de 5 a 14 de julho

Bom gosto extraordinário, dignidade, ares refinados e amor pela beleza são marcas registradas desse signo. O tipo abeto é ambicioso e talentoso, mas pode ser modesto, triste, teimoso ou as três coisas ao mesmo tempo. Costuma ter muitos amigos e inimigos. Por trás de tudo isso, o tipo abeto se importa muito com os amigos íntimos, a família e as pessoas amadas.

Olmo
De 12 a 24 de janeiro e de 15 a 25 de julho

Nos dias bons, os homens do tipo olmo são parceiros honestos e fiéis, com valores nobres, generosos, práticos, elegantes — e, aliás, bem atraentes fisicamente. Nos dias ruins, essas mesmas pessoas maravilhosas podem se tornar rancorosas, mandonas e sabichonas.

Cipreste
De 25 de janeiro a 3 de fevereiro e de 26 de julho a 4 de agosto

O tipo cipreste tem o corpo forte e a mente flexível, disposto a aceitar o que a vida tem a oferecer e se contentar com isso. Esse cara detesta ficar isolado ou sozinho e busca prosperidade e reconhecimento para se satisfazer. É um amante apaixonado e, embora obstinadamente fiel, pode ser temperamental e nem sempre fácil de satisfazer.

Álamo
De 4 a 8 de fevereiro, de 1 a 14 de maio e de 5 a 13 de agosto

Homens do tipo álamo fazem seu negócio prosperar, mas lhes falta confiança e eles precisam de muito apoio e ambientes agradáveis para dar o melhor de si. Podem ser exigentes ou até mesmo críticos, artísticos e filosóficos, organizados e confiáveis. Mas, independentemente de suas peculiaridades específicas, levam os relacionamentos a sério.

Cedro
De 9 a 18 de fevereiro e de 14 a 23 de agosto

Homens do tipo cedro são bonitos, autoconfiantes e saudáveis. Gostam do luxo, mas sabem se adaptar às diversas situações. Esses indivíduos são talentosos, otimistas, aplicados e determinados; infelizmente, tendem a menosprezar as pessoas e podem ser impacientes. A pessoa do tipo cedro espera por seu amor verdadeiro, mas parte logo para outra quando sente que é o momento.

Pinheiro
De 19 a 29 de fevereiro e de 24 de agosto a 2 de setembro

O robusto tipo pinheiro adora companhia agradável e sabe como tornar a vida confortável. Ativo e natural, é uma boa companhia e, em geral, é confiável e prático. Quando se trata dos relacionamentos íntimos, o tipo pinheiro tende a se apaixonar com muita facilidade, depois desmanchar ou desistir da relação muito rapidamente.

Salgueiro-chorão
De 1 a 10 de março e de 3 a 12 de setembro

Atraente, porém melancólico, o salgueiro é um sonhador impaciente, caprichoso, que almeja os frutos da beleza e pode viajar o mundo para encontrá-los. Embora compreensivos e honestos, com uma intuição afiadíssima, esse tipo de homem tende a sofrer nas mãos do amor, a não ser que encontre uma parceira que lhe dê apoio forte e firme.

Limoeiro
De 11 a 20 de março e de 13 a 22 de setembro

O homem do tipo limoeiro aceita com tranqüilidade o que a vida lhe oferece, pois ele não gosta de confusões e disputas. Em casos extremos, também resiste ao trabalho pesado e ao estresse que ele traz, podendo desperdiçar talentos naturais e idéias brilhantes. Entre amigos, é leal e se sacrifica por eles, mas no amor tende a ser passivo, reclamão ou ciumento.

Carvalho
21 de março

Geralmente forte e corajoso, o tipo carvalho é o super-herói do horóscopo das árvores. Incansável, independente e sensível, esse indivíduo tem os pés fincados no chão, mas parte logo para a ação quando a necessidade — romântica ou de qualquer outra espécie — aparece.

Avelã
De 22 a 31 de março e de 24 de setembro a 3 de outubro

Como um ativista social, o homem do tipo avelã é centrado, ativo, compreensivo e dedicado. Na esfera social, é charmoso, popular e capaz de causar uma boa (e duradoura) impressão. No quesito amor, costuma ser honesto e tolerante, mas pode passar por um perigoso período de despreocupação.

Sorveira-brava
De 1 a 10 de abril e de 4 a 13 de outubro

O tipo sorveira-brava é repleto de charme, alegria e ama a vida, a arte e a ação. Como parceiro, ele é tanto dependente quanto independente, oferece muito estímulo emocional, boa companhia e paixão. Seja doce com ele, o perdão não lhe é fácil.

Bordo
De 11 a 20 de abril e de 14 a 23 de outubro

Esse estranho e maravilhoso indivíduo é tímido e reservado, porém cheio de imaginação e originalidade. Um pouco nervoso, propenso a ter boa memória e, embora reservado em público, possui muita ambição e respeito próprio. Se você quer agradar a um cara do tipo bordo, ofereça-lhe novas experiências e se prepare para uma grande aventura.

Nogueira
De 21 a 30 de abril e de 24 de outubro a 11 de novembro

Nem sempre amado, mas freqüentemente admirado — eis o destino dos que nasceram sob o signo da nogueira. São incansáveis, agressivos, nobres, espontâneos, ambiciosos, inventivos e incomuns. Quando se trata de amor, esses sujeitos teimosos podem ser difíceis de lidar, ciumentos e freneticamente apaixonados.

Castanheira
De 15 a 24 de maio e de 12 a 21 de novembro

Homens do tipo castanheira não têm interesse em impressionar as outras pessoas. Embora costumem ser diplomáticos, enérgicos e deslumbrantes, tendem a se sentir mal compreendidos pelos outros, o que pode ocasionar comportamentos exageradamente sensíveis ou impacientes. Os que nasceram sob esse signo podem ter dificuldades em encontrar um parceiro, mas, quando o encontram, comprometem-se para sempre.

Freixo
De 25 de maio a 3 de junho e de 22 de novembro a 1 de dezembro

Esse homem inteligente e ambicioso não se importa com as críticas. Singularmente atraente, talentoso, ativo e impulsivo, esse tipo gosta de jogar com o destino e fazer as próprias regras. Na esfera amorosa, pode ser totalmente dedicado e fiel, embora às vezes permita que seu cérebro comande seu coração.

Carpa
De 4 a 13 de junho e de 2 a 11 de dezembro

A aparência é importante para os cavalheiros de carpa. Eles cuidam do corpo, cultivam seus gostos e fazem sua vida a mais confortável possível. Profissionalmente, o homem de carpa é racional e disciplinado; emocionalmente, ele se sente inseguro com freqüência, porém segue adiante na busca de uma parceira gentil, incentivadora e confiável.

Figueira
De 14 a 23 de junho e de 12 a 21 de dezembro

Esse signo adora família, crianças e animais. Embora basicamente forte e independente, é um pouco arroz-de-festa, que se diverte na ociosidade e nos burburinhos. Num relacionamento amoroso, o homem do tipo figueira mantém a paz e, na união certa, pode se inspirar e permitir que seus talentos práticos e sua inteligência brilhem.

Bétula
24 de junho

Esses raros homens nascidos sob o signo de bétula são calmos, modestos e despretensiosos. Embora abertos e amistosos, evitam qualquer coisa excessiva ou vulgar. Os homens de bétula gostam de grandes áreas ao ar livre e desejam serenidade em todas as coisas, incluindo nos relacionamentos amorosos. Como aspecto negativo, podem ser desmotivados e sem paixão.

Oliveira
23 de setembro

Para o homem do signo da oliveira, felicidade significa calor, bons livros e companhia estimulante. O homem desse signo é gentil, alegre e evita agressão ou violência. Na vida e no amor, esse homem especial é sensível, justo e livre de ciúmes.

Faia
22 de dezembro

Manter-se em forma e saudável é importante para esse homem singular. Ele e seus companheiros de faia também são conhecidos pelo bom gosto, qualidades de liderança e planos de carreira bem-feitos (se cautelosos).

P.S.: podem ser companheiros maravilhosos para a vida inteira.

Capítulo Quatro
ENCARANDO A BOLA DE CRISTAL

A psicologia, a fisiologia e a astrologia são todas fascinantes. Mas, às vezes, a garota precisa de uma boa vidência à moda antiga para fazê-la sentir-se conectada aos seus sentimentos e ao seu futuro.

As cartas do tarô, os símbolos das runas, os desenhos nas folhas de chá... Tudo isso poderá ajudá-la misticamente a ver o que será de sua vida amorosa na semana, no mês, no ano que vem e mais além.

Concentre-se. Relaxe. Acredite.

O tarô resumido

As cartas do tarô estão aí desde o século XIV, pelo menos — e provavelmente há bem mais tempo. Conhecedores afirmam que o tarô era originalmente ligado à cabala, uma crença mística judaica. Uma vez utilizadas tanto para jogos de azar quanto para a vidência, as cartas do tarô foram a inspiração para as atuais cartas de baralho.

Ao longo dos tempos, acabaram como instrumentos de previsão do futuro.

O atual baralho do tarô é formado por 78 cartas ilustradas, divididas em dois grupos: as cartas do arcano maior, que simbolizam 22 princípios universais, e as cartas do arcano menor, que são agrupadas em quatro naipes: espadas, paus, copas e ouros, cada qual contendo quatro cartas da realeza e dez cartas da corte numeradas.

Nas mãos de um hábil praticante, as cartas do tarô podem tecer uma história complexa do passado, do presente e do futuro de alguém. Leituras tradicionais empregam várias seqüências, nas quais as cartas são cortadas, viradas e arrumadas em padrões que correspondem a certos aspectos da vida de uma pessoa.

Tudo isso é muito interessante. Mas, no momento, você não está interessada em decifrar o código secreto da "Mãe Dinah". Tem uma necessidade muito mais urgente de informações e percepções sobre um certo rapaz que vem povoando seus sonhos.

Eu entendo. Por isso vou lhe ensinar um joguinho fácil que se relaciona com o poder do tarô, mas não requer o uso de um baralho de tarô de verdade. Essa minileitura se refere ao arcano menor, pois nele estão as cartas mais românticas e específicas dentre as cartas de tarô.

Tudo o que você tem a fazer é se concentrar num assunto, numa pessoa ou numa pergunta. Siga as instruções abaixo, depois deixe sua intuição fazer o resto.

PASSO 1: escolha sete números de 1 a 56. Escreva-os aleatoriamente na coluna esquerda do quadro abaixo.

PASSO 2: na lista numerada que obtiver, localize a carta que corresponda a cada número que você escolheu. Escreva o nome da carta no espaço apropriado.

PASSO 3: extraia o significado de cada carta e faça uma leitura intuitiva, que combine o significado com a posição, isto é, com os indicadores do lado direito do quadro.

Carta ____ : _____ = circunstâncias atuais

Carta ____ : _____ = possibilidades imediatas

Carta ____ : _____ = atitudes passadas

Carta ____ : _____ = atitudes futuras

Carta ____ : _____ = seu potencial

Carta ____ : _____ = ajuda /obstáculos externos

Carta ____ : _____ = conseqüência

As cartas do arcano menor

Espadas: o intelecto

1. Rei de espadas: figura de grande autoridade

2. Rainha de espadas: auto-suficiente, intelectual

3. Cavaleiro de espadas: pensador independente

4. Valete de espadas: um rebelde com poderes de persuasão

5. Dez de espadas: renuncie aos medos

6. Nove de espadas: a ansiedade traz mudanças

7. Oito de espadas: confusão

8. Sete de espadas: fazer planos é inútil

9. Seis de espadas: pense logicamente

10. Cinco de espadas: tempos difíceis, persevere

11. Quatro de espadas: dê um tempo

12. Três de espadas: atritos na amizade

13. Dois de espadas: tempo de refletir

14. Ás de espadas: idéias inspiradas

Paus: o espírito

15. Rei de paus: bem-sucedido, filosófico

16. Rainha de paus: carismática, com força de vontade

17. Cavaleiro de paus: inspirado, criativo

18. Valete de paus: cheio de energia, confiante, brincalhão

19. Dez de paus: libere a energia

20. Nove de paus: intuição elevada

21. Oito de paus: ruptura

22. Sete de paus: diga o que pensa

23. Seis de Paus: confiança, liderança

24. Cinco de paus: lute com justiça

25. Quatro de paus: comemore o crescimento

26. Três de paus: comunique-se com honestidade

27. Dois de paus: concentre-se no poder

28. Ás de paus: lampejo de criatividade

Copas: sentimentos e emoções

29. Rei de copas: profissional artístico
30. Rainha de copas: idosa sensível, amável
31. Cavaleiro de copas: um sedutor
32. Valete de copas: explorador emocional, poeta
33. Dez de copas: satisfação emocional
34. Nove de copas: desejos podem ser realizados
35. Oito de copas: a tristeza traz crescimento
36. Sete de copas: tolerância excessiva
37. Seis de copas: tempo de expressão pessoal
38. Cinco de copas: decepções levam à renovação
39. Quatro de copas: expresse empatia
40. Três de copas: vamos comemorar!
41. Dois de copas: amor e amor
42. Ás de copas: felicidade no amor

Ouros: o mundo material

43. Rei de ouros: homem de negócios bem-sucedido

44. Rainha de ouros: mulher de negócios próspera e generosa

45. Cavaleiro de ouros: aspirante a artista

46. Valete de ouros: pensador talentoso

47. Dez de ouros: prosperidade inesperada

48: Nove de ouros: trabalho individual

49. Oito de ouros: realização através de trabalho manual

50. Sete de ouros: impaciência

51. Seis de ouros: a generosidade traz o sucesso

52. Cinco de ouros: preocupação e mudança

53. Quatro de ouros: cuidado com a inveja

54. Três de ouros: enfatize o trabalho em equipe

55. Dois de ouros: trapaças à vista

56. Ás de ouros: sucesso em questões materiais

As runas

Ah, as runas... Tão misteriosas, tão enigmáticas, tão esclarecedoras.

Se você cabulou a aula sobre as runas, eis aqui uma rápida revisão: há dois mil anos, as runas eram letras de um alfabeto amplamente utilizado pelos povos da Europa Setentrional. No entanto, eram muito mais que o ABC das tribos nórdicas. Poderes especiais eram atribuídos a seus símbolos, que costumavam ser utilizados para inscrições mágicas, talismãs e rituais de previsão do futuro. Na Idade Média, quando as letras romanas começaram a dominar as linguagens escritas da Europa, as runas deixaram de ser utilizadas como alfabeto prático. Seus aspectos místicos, porém, jamais desapareceram.

Atualmente, a adivinhação por meio das runas está centrada em cerca de 24 símbolos, cada um com significado próprio. Praticantes avançados usam as runas para lançar feitiços e aprimorar a habilidade psíquica. As runas são utilizadas mais freqüentemente, no entanto, para leituras que não apenas iluminam o passado e o presente, mas também sugerem atitudes que possam influenciar o futuro.

Embora tenham uma história longa e complicada, as runas são, na realidade, bastante fáceis de usar. Se você, garota apaixonada, estiver disposta a seguir algumas instruções simples, a aplicar sua energia criativa e invocar seus poderes intuitivos, então pode colocar as runas no bolso, por assim dizer. Consulte-as sempre que estiver confusa ou tiver dúvidas – inclusive em assuntos do coração. Assim que você adquirir um pouco de prática, poderá realizar leituras para outras pessoas, incluindo o homem por quem se sente atraída. É uma maneira incrível de descobrir os segredos dele.

Para começar

Um bom jogo de runas inclui 24 peças feitas de pedra, osso, argila ou resina, cada uma contendo um símbolo. Normalmente, elas são guardadas num pequeno saco de pano. Você não precisa sair correndo para comprá-las. Utilizando as ilustrações a seguir como guia, iniciantes poderão criar facilmente o seu próprio jogo.

Algumas opções para um kit fácil e barato:

· Recorte de uma cartolina 24 formas redondas ou ovais e nelas desenhe os símbolos.

· Apanhe 24 pedras lisas e arredondadas, de mesmo tamanho e forma, e recrie os símbolos com uma caneta de tinta permanente.

· Arrume objetos do mesmo tamanho e em forma de disco, tais como fichas de pôquer ou marcadores de bingo, e utilize um marcador para desenhar as runas.

· Utilizando pequenas fichas de arquivo, confeccione seu próprio jogo de runas. Se escolher esta opção, pode escrever o significado de cada runa abaixo de seu símbolo.

As runas e seus significados

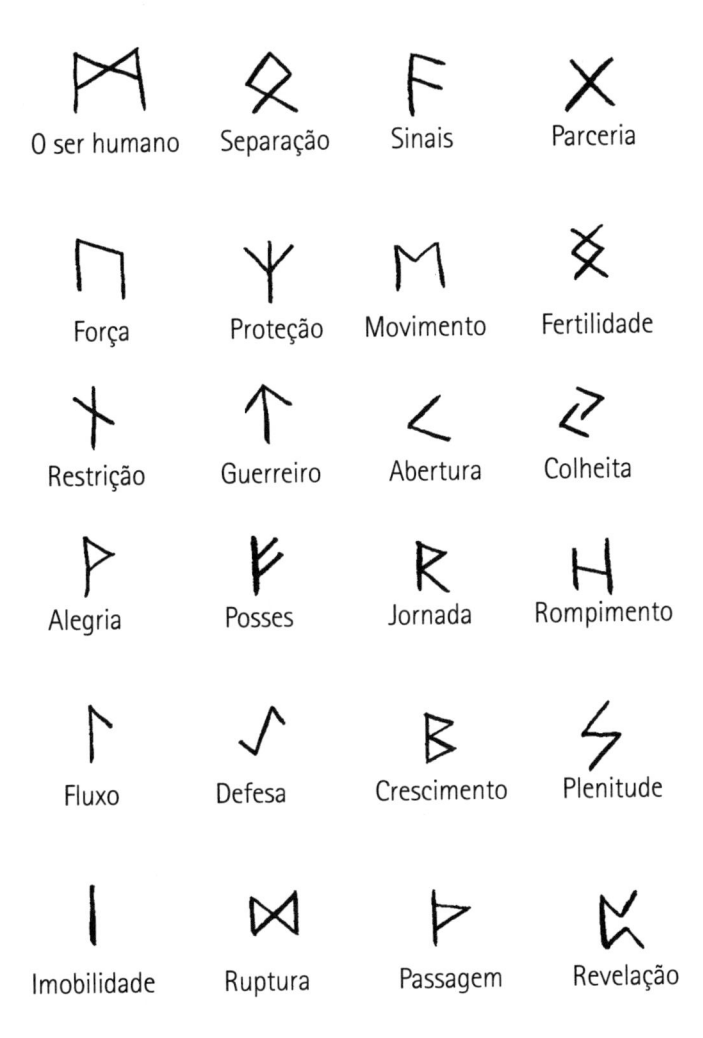

ᛗ	ᛩ	ᚠ	╳
O ser humano	Separação	Sinais	Parceria
ᚢ	ᛉ	ᛗ	⛞
Força	Proteção	Movimento	Fertilidade
ᚾ	↑	ᚲ	ᛒ
Restrição	Guerreiro	Abertura	Colheita
ᚹ	ᚡ	ᚱ	ᚻ
Alegria	Posses	Jornada	Rompimento
ᛚ	ᚴ	ᛒ	ᛋ
Fluxo	Defesa	Crescimento	Plenitude
ᛁ	ᛞ	ᚦ	ᚳ
Imobilidade	Ruptura	Passagem	Revelação

187

Uma leitura simples das runas

Como as cartas do tarô, as runas são escolhidas aleatoriamente, depois arrumadas numa certa disposição. A disposição mais comum é chamada de "o jogo das três runas", que é o jogo no qual vamos nos concentrar. Eis aqui como se faz:

1. Misture as runas (ou as embaralhe, se estiver utilizando cartas), enquanto se concentra em determinado assunto, situação ou problema.

2. Escolha uma runa e coloque-a sobre uma mesa ou uma superfície plana.

3. Escolha outra runa e coloque-a à esquerda da primeira.

4. Escolha uma terceira runa e coloque-a à esquerda da segunda.

5. Todas as runas deverão estar voltadas para cima. Se alguma estiver voltada para baixo, vire-a para cima.

6. Todos os símbolos devem estar na posição correta. Verifique o quadro; se um símbolo estiver de cabeça para baixo, coloque-o na posição correta.

Agora você está pronta para interpretar o significado dessa disposição.

· A runa à direita representa a situação atual.

· A runa do centro sugere o curso de ação necessário.

· A runa à esquerda indica o resultado final, isto é, o que

vai acontecer se você estiver disposta a encarar o desafio mostrado pela runa central.

Quanto mais leituras você fizer, mais irá encontrar cada runa no quadro e aprender seu significado básico. Então poderá confiar na sua intuição e dar sentido à sabedoria das runas.

Digamos, por exemplo, que seu amado tenha acabado de aceitar um emprego que irá exigir dele uma mudança de estado. Você se concentra nessa situação difícil ao consultar as runas, e os resultados são:

R	ᚾ	ᚹ
Jornada	Força	Alegria

Essa disposição pode significar que a mudança iminente dele (jornada) é a atual situação e a fonte de sua ansiedade. Seu melhor curso de ação, de acordo com as runas, é se concentrar e permanecer firme (força), o que resultará num final feliz (alegria).

O que as folhas de chá revelam

A leitura das folhas de chá, conhecida oficialmente como tasseografia, é praticada por avós, tias e outras mulheres sábias há séculos. Essa arte mística começou na China e na Índia e, lentamente, migrou para o resto do mundo.

Há muitas maneiras de interpretar as folhas de chá, e leitores de várias culturas utilizam diferentes "alfabetos" para adivinhar o futuro. Mas o método básico é praticamente universal: o chá é feito, coado e consumido. As folhas úmidas deixadas no fundo da xícara são então estudadas e interpretadas.

É divertido ler as folhas de chá para si mesma e para os amigos. Mas fazer uma leitura para o homem de seus sonhos é muito mais difícil. Por quê? Pois grande parte dos homens acredita que beber numa xícara delicada é tão másculo quanto ter um poodle de pelúcia ou usar uma gravata-borboleta. Convencê-lo a brincar irá exigir habilidade de negociação, nenhuma vergonha e talvez um pouco de persuasão. Prometa fazer uma leitura profunda que irá revelar o futuro dele, mesmo que esteja planejando fazer uma leitura egoísta e manter todas as boas percepções para si mesma.

Se não conseguir que o seu príncipe encantado participe de seu "chá da percepção", não se aflija. Você poderá encher a própria xícara e pedir às folhas que lhe enviem mensagens a respeito dele.

Como ler as folhas

1. Ferva um bule de chá utilizando folhas soltas: uma colher de chá por xícara, espalhada no fundo do bule. (Se não tiver nenhum tipo de chá disponível, pode abrir aqueles saquinhos e usar as folhas pequenas mesmo.)

2. Depois de três ou quatro minutos, sirva o chá naquelas xícaras antigas e largas. Certifique-se de que cada xícara tenha um pires.

3. Tome seu chá e pense na pergunta ou no assunto que gostaria de consultar. Pare de beber quando houver apenas algumas gotas de chá cobrindo as folhas no fundo da xícara.

4. Vire a xícara de cabeça para baixo sobre o pires, até que todo o líquido tenha escorrido. Ficarão restos de chá presos ao fundo e na lateral da xícara. É isso que proporcionará a leitura.

O significado das folhas

As folhas no fundo da xícara representam eventos que irão ocorrer dentro de um ano; as folhas na borda da xícara indicam o presente. Avalie as outras disposições como se a xícara fosse uma linha do tempo. Se as folhas estiverem próximas ao fundo, podem indicar acontecimentos que irão ocorrer em nove meses, próximas à borda, em três meses.

Procure por letras, números e símbolos nos pedaços das folhas. Se você estiver usando folhas de saquinhos de chá, que são muito pequenas, talvez precise brincar de unir os pontos para discernir uma imagem.

Ao fazer sua interpretação, preste atenção aos agrupamentos. Por exemplo, uma forma de ferradura próxima a um número pode significar que aquele é seu número ou dia de sorte. Um coração próximo a uma letra sugere uma ligação romântica com uma pessoa que tem aquela inicial.

Alguns símbolos comuns:

Âncora: sucesso e estabilidade

Flecha: apontando para cima, significa "sim", para o lado, significa "talvez", para baixo, significa "não"

Sino: boas notícias

Pássaro: boa sorte

Caixa: surpresa

Carro: viagem

Círculo: amor

Trevo: sucesso

Cruz: notícias ruins inesperadas

Coroa: recompensa

Flor: alegria

Mão: novo amigo

Coração: amor e romance

Ferradura: boa sorte

Casa: felicidade no lar

Escada: conquista

Forma oval: novas idéias trazendo sucesso

Ponto de interrogação: espere por mudanças

Espiral: estudo e pesquisa valem a pena

Escadaria: mudança positiva no horizonte

Estrela: um sonho se tornará realidade

Sol: felicidade

Triângulo: acontecimentos inesperados

Leitura de vela romântica

Você odeia chá e só bebe em copo de requeijão? Experimente uma leitura de cera de vela. É uma prática de adivinhação mística essencialmente muito parecida com a leitura das folhas de chá, porém sem cafeína. Você pode fazer leituras para si mesma ou para alguém de quem goste. E aqui vão as boas notícias: os homens adoram; principalmente por ser muito eficiente quando praticada ao bater da meia-noite.

Nota: você não precisa ficar acordada até a meia-noite para fazer a leitura, mas ela deve ser feita quando estiver escuro e o mais próximo possível da meia-noite.

1. Encha sua tigela favorita até a metade com água morna.

2. Acenda uma vela vermelha, que é a cor apropriada para uma leitura sobre o amor. As velas baratas são as melhores, pois pingam mais.

3. Segure a vela sobre o centro da tigela e deixe-a pingar, até que a cera comece a se acumular sobre si mesma.

4. Leia o significado das formas resultantes, baseando-se no guia dos símbolos das folhas de chá, apresentado anteriormente, e em sua intuição. Não se esqueça de procurar por números e letras entre as imagens.

Projetando ciclos de vida

Uma garota tem de pensar no futuro. Se estiver paquerando com a idéia de se casar com um rapaz, precisa considerar as perspectivas e visualizar a própria vida em vinte, quarenta ou sessenta anos. Há a questão do romance, dos bens, dos filhos, da pobreza, das guerras, das pestes, da reputação, das mulheres muitos anos mais jovens, e de milhares de coisas que são extremamente difíceis de se prever.

Eis aqui alguns exemplos: o seu amado é um homem de menos de 30 anos, que mora em uma cidade com uma população de menos de 2 milhões, porém com mais de 10 mil habitantes. Pelo menos um de seus avós viveu até os 85 anos ou mais. Ele é formado e trabalha num escritório, ganhando mais de 80 mil reais por ano. Não está acima do peso, pratica exercícios físicos, em média, duas vezes por semana e come como um ser humano normal. Não mora sozinho, não dorme demais, bebe pouco e se considera um cara feliz e de bem com a vida.

Se tudo correr bem, esse homem viverá até, aproximadamente, os 80 anos.

É uma idade e tanto, mas considere o seguinte: uma mulher com exatamente o mesmo perfil provavelmente ainda vai estar assoprando as velinhas de seu aniversário de 88 anos.

O que é ainda mais injusto, dependendo de sua perspectiva, é que uma mulher na faixa dos 40 a 50 anos, com 5 a 15 quilos acima do peso, que ganha menos de 80 mil reais por ano, fuma meio maço de cigarros por dia e vive infeliz também tem a previsão de viver até os 88 anos.

Os homens não vivem tanto quanto as mulheres. Isto é fato. Mas não fique triste. Pelo menos não ainda.

M.A.B.C.

Tudo bem, esse é um joguinho bom para uma festa do pijama. Não possui nenhum poder místico, mas é muito divertido de se jogar com uma amiga ou duas, mesmo que você tenha mais que 12 anos.

Instruções

Desenhe um quadrado e escreva M.A.B.C. logo acima dele. Do lado esquerdo do quadrado, escreva o nome de quatro homens por quem você se sente atraída. Do lado direito do quadrado, escolha quatro números de 1 a 10. Embaixo do quadrado, escreva o nome de quatro lugares (cidades, estados, países etc.).

Peça a uma amiga que comece a desenhar um espiral no centro do quadrado, até você dizer "Pare!". Conte o número de linhas ou camadas do espiral — esse será o seu número secreto.

Comece a contar os itens escritos em volta do quadrado a partir do M e elimine cada item em que seu número parar. Continue até que fique sobrando apenas um item em cada categoria.

Resultado

O último homem que sobrar é aquele com quem você vai se casar; o último número, quantos filhos você vai ter; o lugar, onde você irá morar; e a letra que sobrar do M.A.B.C., o tipo de moradia que vai ter: uma mansão, um apartamento, um barraco ou uma casa.

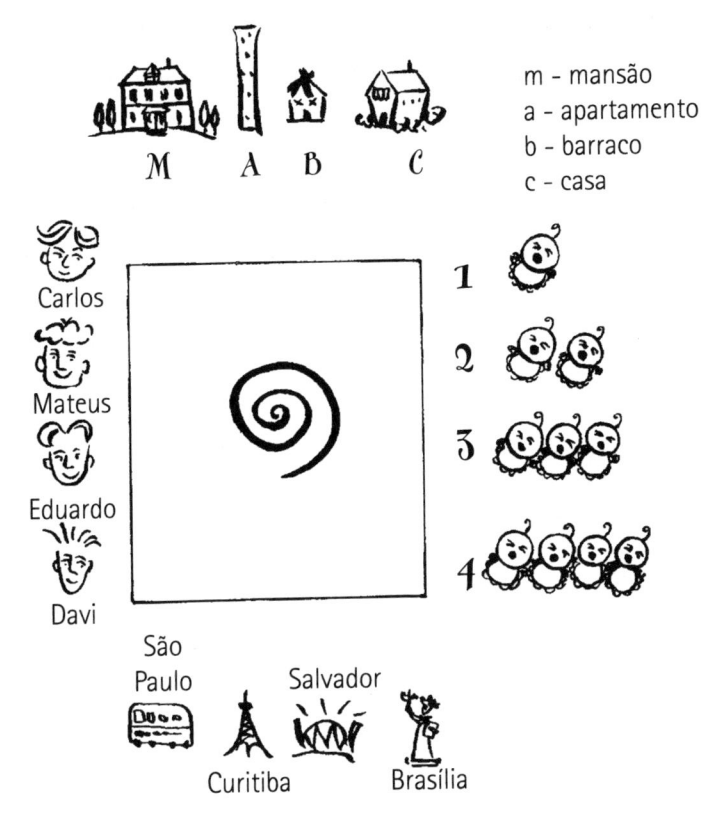

M   A   B   C

m - mansão
a - apartamento
b - barraco
c - casa

Carlos
Mateus
Eduardo
Davi

1
2
3
4

São Paulo   Salvador
Curitiba   Brasília

197

Bibliomania

Esse jogo de adivinhação livre combina palavras de sabedoria com a sorte. É muito simples, porém sempre recompensa os jogadores com profundas percepções sobre o próprio ser. Se você tentar por si mesma, com amigos ou com sua atual paixão, vai ver que a bibliomania pode ser muito esclarecedora e inspiradora.

Primeiro você vai precisar de livros. Não livros velhos e cheios de orelhas. O que você precisará é de livros de provérbios, máximas, ensinamentos espirituais, observações sábias e coisas do gênero. Procure nas suas prateleiras ou numa biblioteca local por:

· Livros de citações

· Livros de citações humorísticas

· Antologias poéticas

· Seleções de ensinamentos de líderes espirituais, tais como Confúcio e Krishnamurti

· Qualquer livro cujo título comece com "O Poder e a Sabedoria de..." ou algo parecido

Como jogar

1. Escolha um livro por sessão.

2. Se estiver jogando com três ou mais pessoas, sentem-se no chão, em círculo.

3. Alternando-se, cada jogador segura o livro e se concentra num assunto, situação ou pergunta, que pode ser dita em voz alta ou mantida em segredo.

4. Em seguida, o jogador folheia as páginas três vezes: de frente para trás, de trás para a frente e depois de frente para trás novamente. No terceiro movimento, o jogador pára as folhas onde quiser, colocando o dedo como marcador.

5. Com os olhos fechados, ele abre o livro na página escolhida e aponta para um lugar na página.

6. O jogador lê o trecho selecionado em voz alta, e o grupo faz comentários e interpretações.

7. Siga as mesmas regras para jogar sozinha ou em dupla.

Com o tempo, você vai saber quais dos seus livros funcionam melhor para a bibliomania e vai escolhê-los automaticamente sempre que você ou seu amado precisarem de uma ajudinha para navegar nas águas turbulentas do amor. Quando você abre um livro, está abrindo a mente para novos rumos, percepções e perspectivas.

CapítuloCinco
ISSO É AMOR?

Eis que chegamos ao último capítulo, o teste da realidade. A pequena série de jogos e exercícios que irá lembrá-la de que o amor é, por vezes, uma ilusão causada pelos hormônios e pela imaginação apaixonada.

Meu conselho? Leia-o, aprenda algumas coisas e siga o seu coração.

Ele é o homem certo...
Ou é o certo só para o momento?

Às vezes, quando a garota é arrastada para um ciclone de emoções e hormônios, pode entrar num estado de insanidade temporária e acreditar que o homem com quem ela está é "o homem certo", mesmo que ele seja completamente inadequado.

Eis aqui um rápido teste da realidade, que ajudará você a evitar que enlouquecidas paixões encubram sua visão.

Para os objetivos específicos desse teste, chamaremos esse homem de Marcos. Responda às seguintes perguntas, baseando-se na reação mais provável que você supõe que Marcos teria.

1. Após uma tarde na praia com Marcos, vocês vão a um bar para comer alguma coisa. Lá, ele encontra vários amigos. O que ele faz?

a. Termina de comer com você, depois a leva até a mesa deles e a apresenta ao pessoal. Vocês todos tomam um drinque juntos, depois ele leva você para casa.

b. Convida todo o bando para sentar-se à mesa de vocês e transforma um jantar a dois numa festa para oito — sem consultá-la.

c. Termina a refeição com você, deixa-a em casa e volta ao bar para se divertir com os amigos — sem apresentá-la a eles.

2. Vocês dois têm ingressos para um show. Um dia antes do show, você fica com gripe e tem de cancelar. Como ele lida com isso?

a. Dá os ingressos para alguém e aparece na sua porta com uma sopinha e um filme.

b. Leva uma amiga ao show e liga do celular durante o show para você ouvir sua música preferida.

c. Convida outra garota para o show, que ele alega ser apenas amiga, embora você nunca o tenha ouvido falar dela.

3. Vocês tiveram um encontro especial, no qual ele foi muito doce e atencioso. Após o encontro, ele quer passar a noite com você, mas você está muito cansada e precisa ficar sozinha. Como ele reage?

a. Engole a frustração e respeita sua privacidade.

b. Seduz, faz chantagens e tenta por uns bons vinte minutos convencê-la a passar a noite juntos, antes de desistir.

c. Fica irritado, confrontador e questiona o futuro do relacionamento.

4. Marcos tem um filho, que fica com ele dois fins de semana por mês. Um desses sábados de pai e filho caiu justo no dia de seu aniversário. Como ele lida com a situação?

a. Refaz sua agenda, para poder ter um fim de semana romântico para comemorar seu aniversário.

b. Planeja um dia divertido para os três, incluindo vôlei e cinema, seguidos por um bolinho de aniversário no apartamento dele.

c. Liga para você no sábado, desejando feliz aniversário, e diz que sairá com você na semana seguinte.

5. Numa tarde, você e Marcos começam a conversar sobre antigos relacionamentos. Ele confessa que:

a. Teve poucas namoradas que duraram bastante, e se separaram em bons termos.

b. Teve muitas namoradas no passado, mas nenhuma delas durou mais do que seis meses.

c. Já teve relacionamentos com homens e mulheres e não tem certeza do que gosta mais.

6. Marcos é demitido. Ele:

a. Não lhe diz nada antes de arrumar outro emprego três dias depois.

b. Passa por várias fases de raiva, negação e aceitação por mais ou menos uma semana, até se recuperar e procurar um novo emprego.

c. Pede para morar um tempo em sua casa, a fim de descansar e esfriar a cabeça.

7. Você aparece para um encontro com um novíssimo par de sapatos de salto alto bem sexy. O problema é que, com eles, você fica 2 centímetros mais alta do que ele. Como ele reage?

a. Elogia você e não comenta nada sobre a altura.

b. Quer ir logo para a cama com você — e pede para você não tirar os sapatos.

c. Reclama que você fica mais alta e lhe pede para voltar para casa e trocar os sapatos antes que ele a leve embora.

8. Você está num jantar festivo com um dos ex-professores de faculdade dele, e todos na mesa estão discutindo uma obra clássica da literatura que você nunca leu. O que Marcos faz?

a. Protege você, "lembrando-lhe" rapidamente quem escreveu o livro e qual a sua temática.

b. Não faz nada. Apenas continua a conversa, até que o assunto naturalmente mude.

c. Percebe que você está quieta e lhe pergunta, na frente de todo mundo, se você leu o livro.

Avaliação das respostas

· As respostas "a" são as de um verdadeiro cavalheiro, com um bom coração e uma alma gentil. Quando combinadas a uma quantidade satisfatória de respostas "b", esse cara é um bom candidato a um relacionamento duradouro. Mais do que seis respostas "a" podem indicar que ele é um homem sem confiança. Oito respostas "a" podem revelar que ele é tão doce que isso se torna um defeito, com possíveis tendências pegajosas. A menos que ele seja um homem hilário, um gênio ou um grande amante, um homem com todas as respostas "a" pode entediá-la profundamente.

· As respostas "b" são as do "homem real". Ele pode não ser perfeito, mas não é "bom demais para ser verdade". Quando quatro, cinco ou seis respostas "b" são somadas a respostas "a", você tem um homem que vale a pena. Sete ou oito respostas "b" podem indicar um cara que talvez não seja dos mais educados ou tenha muita testosterona, mas não há nada terrível ou desastroso nele. Ele pode ser o homem certo só para o momento, mas isso não é um problema.

• Todas as respostas "c" são ruins — e algumas são piores que as outras. O seu homem não deveria ter nenhuma resposta "c" (especialmente se for na pergunta número 5). Se ele tem duas ou mais respostas "c", corra mais rápido que o vento. Ele é o Senhor Nunca, mantenha distância!

O verdadeiro amor segundo os cientistas

A paquera humana não é muito diferente da paquera animal. O jogo de sedução corriqueiro que acontece em qualquer barzinho sábado à noite daria um documentário do Animal Planet. As mulheres balançam a cabeça, olham fixamente ou desviam o olhar. Os homens enchem o peito e endireitam os ombros, fazendo com que a parte superior de seu corpo pareça do maior tamanho possível. Podemos muito bem ser pumas ou avestruzes.

Mesmo quando estamos arrumando ou ajeitando o penteado, emitimos substâncias conhecidas como feromônios, que atraem as pessoas do sexo oposto. Recebemos esses sinais químicos pelo nariz — sim, nós literalmente farejamos nossos parceiros —, mas, como os feromônios são inodoros, não temos a menor idéia do que está fazendo a gente se sentir tão excitada ou frustrada (os ouriços-do-mar também não têm a menor idéia, mas isso não os impede de soltar feromônios na água, o que estimula outros ouriços da comunidade a expelir suas células sexuais).

O contato visual é outro ponto importante da paquera entre os seres humanos. Quando homens e mulheres trocam olhares diretos, uma dessas duas reações ocorre: avanço ou retração. A reação de avanço é acompanhada pela dilatação das pupilas e, na maioria das vezes, um movimento de boca conhecido como sorriso. O mais galanteador dos dezoito diferentes tipos de sorriso de que somos capazes é o que chamamos de "sorriso aberto", que mostra tanto a fileira de baixo quanto a fileira de cima dos dentes.

Há cinco fases distintas na paquera. Eis aqui uma pequena descrição de como elas podem se dar numa balada:

1. Tanto os homens quanto as mulheres estabelecem um território de onde eles podem observar e ser observados, tal como uma mesa para sentar ou uma parede para se encostar. Então eles chamam atenção para si mesmos, ao se mostrarem atraentes, piscando os olhos, rindo, se animando etc.

2. A fase do reconhecimento vem em seguida. Ela ocorre quando duas pessoas estabelecem contato visual e, por vezes, sorriem uma para a outra. Se tudo correr bem, elas se aproximam, ficando numa distância em que seja possível iniciarem uma conversa.

3. A conversa começa, geralmente com frases simples, cumprimentos, cortesias, observações bem-humoradas e

o sempre popular "Vamos dançar?". Essas frases curtas, porém importantes, são chamadas pelos antropólogos de "conversa preliminar" e podem durar algum tempo, até os dois trocarem números de telefone ou planejarem se encontrar novamente.

4. Chegou o momento do toque. Essa fase começa com as "pistas intencionais", em que uma ou as duas pessoas se aproximam até acontecer o toque. A mão no joelho, um braço em volta do ombro, uma dança lenta... isso é coisa bem inocente, mas cheia de significado e geralmente com uma carga sensual muito alta. Nesse momento, é importante a pessoa que está sendo tocada demonstrar que esses avanços são bem-vindos. Caso contrário, todas as esperanças do paquerador vão por água abaixo.

5. A fase final da sedução é quando duas pessoas começam a combinar seus movimentos. Elas sentam-se ou ficam em pé, frente a frente, olho no olho, seus lábios sincronizam — em outras palavras, elas entram na mesma sintonia (embora os cientistas não usassem exatamente nesses termos).

A paquera avançada é tão animalesca quanto as fases iniciais. Por exemplo, num estudo recente com mil americanos solteiros, 63% revelaram que fizeram amor pela primeira vez com uma nova namorada após um encontro em que eles jantaram, em contrapartida aos 32% que transaram após um encontro num barzinho. Qual a relevância disso? Pois, ao levar uma mulher para jantar e pagar sua comida, um homem demonstra ser um bom caçador e provedor. Isso faz a mulher sentir que está escolhendo bem seu parceiro, e uma coisa acaba levando à outra.

Sentimentos de amor e paixão passageira são produtos da química pessoal de cada um. Emocionalmente, passamos por três fases de amor:

1. A pessoa que nos atrai ganha um significado maior ou especial para nós.

2. Começamos a ter pensamentos evasivos sobre a pessoa, o que nos faz ficar sonhando acordados com situações selvagens e românticas ou com a repetição mental de alguns momentos vividos com ela.

3. Cristalizamos nossos sentimentos relacionados a essa pessoa. Isso significa que percebemos suas fraquezas e falhas, mas, em vez de rejeitá-las, passamos a considerá-las atraentes ou parte de um conjunto desejável.

Quimicamente, o sentimento de se apaixonar — incluindo o entusiasmo, a alegria e a euforia — é causado por moléculas conhecidas como feniletaminas, que estimulam os neurônios do sistema límbico. A má notícia é que o cérebro humano só é capaz de suportar altos níveis de feniletamina por um período que varia de um a três anos. Depois disso — supondo que o relacionamento sobreviva a essa mudança — o nosso sábio corpo substitui a feniletamina pela endorfina, que produz um sentimento geral de bem-estar. Assim, o relacionamento amoroso lentamente deixa de ser extremamente excitante e passa a ser agradável e confortável. Mais ou menos como uma menininha e seu cãozinho querido. Olhe aí, Animal Planet mais uma vez.

Uma observação sigilosa: você já iniciou timidamente um relacionamento e depois o cara ficou achando que ele foi o responsável por toda a conquista? Você não está só. Nos Estados Unidos, já foi provado que em geral é a mulher que inicia a paquera, por meio de pistas sutis, geralmente não-verbais. Então ela permite ao homem o que chamamos de "transferência de iniciativa", na qual ele toma as rédeas e segue adiante — e fica eternamente acreditando que foi ele quem iniciou a conquista.

O verdadeiro amor segundo os amantes

Você tem dificuldade em identificar seus sentimentos ou colocá-los em palavras? Não se sinta mal, pois milhões de pessoas têm essa mesma frustração. O amor é uma coisa tão pessoal quanto a impressão digital, as faces, os arranjos das folhas de chá e as fantasias selvagens que fazem você ficar acordada à noite, escrevendo em seu diário, olhando para o teto e imaginando como será sua vida. As emoções podem ser tão arrebatadoras que meras palavras se tornam precárias — a não ser, obviamente, que elas tenham sido escritas pelos mestres da linguagem.

Dê uma olhada nas opiniões seguintes. Leia-as em voz alta, escolha uma ou duas citações que pareçam ter vindo direto de seu coração e veja a explicação.

1. "O amor abre as portas para tudo que se pode ver, incluindo — talvez, acima de tudo — a porta que guarda o ser secreto e freqüentemente terrível e assustador que é cada um de nós." — May Sarton

2. "Seria ótimo se a gente pudesse distinguir o verdadeiro amor do falso como distinguimos os cogumelos bons dos venenosos." — Katherine Mansfield

3. "O amor é fogo. Mas se ele irá aquecer seu coração ou queimar sua casa, não dá para saber." — Joan Crawford

4. "Não há surpresa mais mágica do que a surpresa de ser amado: é o dedo de Deus no ombro de um homem." — Charles Morgan

5. "Uma palavra nos liberta de todos os fardos e dores da vida. Essa palavra é amor." — Sófocles

6. "Amar é sentir um vislumbre do paraíso." — Karen Sunde

7. "Quero primeiro amar, depois viver casualmente." — Zelda Fitzgerald

8. "O que importa não é o homem na minha vida, mas a vida em meu homem." — Mae West

9. "As pessoas deviam sempre estar apaixonadas. Por isso que nunca deviam se casar." — Oscar Wilde

10. "Quando duas pessoas se amam, elas olham na mesma direção." — Ginger Rogers

11. "O sucesso no casamento exige que você se apaixone muitas vezes, sempre pela mesma pessoa." — Mignon McLaughlin

12. "Procure uma pessoa doce. Esqueça a riqueza." — Estée Lauder

13. "Um arqueólogo é o melhor marido que uma mulher pode ter. Quanto mais velha ela fica, mais ele se interessa por ela." — Agatha Christie

14. "Qualquer um que saiba beijar bem sempre me interessa." — Cher

15. "Se amor é a resposta, você poderia refazer a pergunta?" — Lily Tomlin

1-3: O ROMÂNTICO EXPERIMENTAL

Você está com medo, mas suas emoções são tumultuosas. Siga adiante e tenha a ventura romântica de sua vida. Independentemente de ela durar para sempre ou não, lembre-se: o amor é assim.

4-6: O ROMÂNTICO ROMÂNTICO

Seu sonho de amor inclui paixão, filosofia e redenção. Será que ele é tão profundo quanto você? Mergulhe com tudo e descubra. Ganhar ou perder, o amor é assim, seja corajosa.

7-9: O ROMÂNTICO DESPREOCUPADO

Pelo bem do amor, o amor é o seu jogo. Quando estiver correndo atrás de sua nova conquista, você pode acabar descobrindo uma razão para ser simplesmente o seu melhor. Mantenha o coração aberto, seja honesto, o amor é assim.

10-12: O ROMÂNTICO EXPERIENTE

Você compreende a beleza profunda dos relacionamentos duradouros e tem o que precisa para sobreviver aos duros percalços e deleitar-se com as doces e longas recompensas. O amor é mesmo assim.

13-15: O ROMÂNTICO REALISTA

Ninguém o engana, pessoa sensata e realista, que manterá os pés no chão mesmo se estiver emocionalmente entregue. Arrisque-se um pouco, deixe-se levar de vez em quando. O amor é assim e está disponível para você explorá-lo de corpo e alma.

Este livro foi impresso pela Prol Gráfica
em papel *offset* 75g.